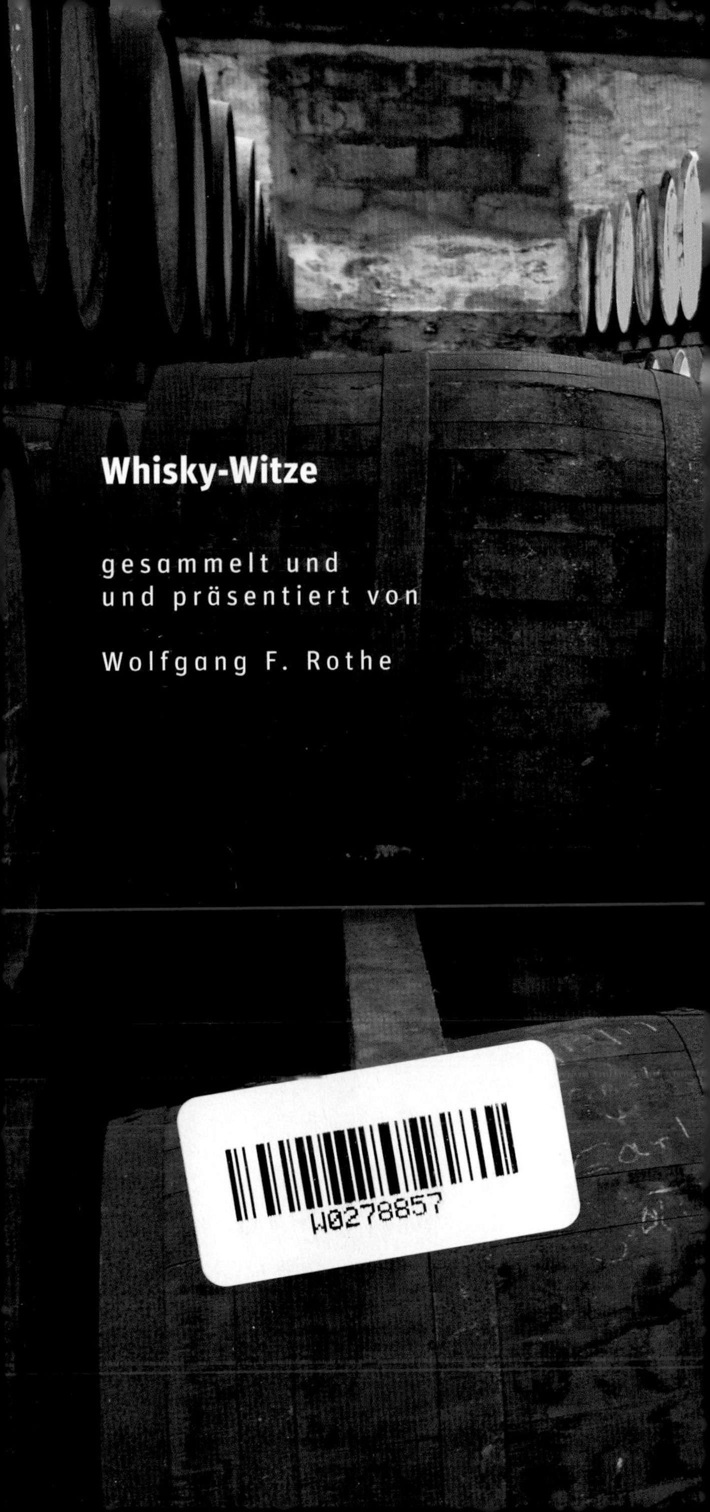

Whisky-Witze

gesammelt und
und präsentiert von

Wolfgang F. Rothe

INHALT

Die spätgotische Skulptur auf dem rechten Seitenaltar der Pfarrkirche St. Michael in München-Perlach stellt einen gebürtigen Schotten, den heiligen Koloman, dar.

„*Der Teufel hat den Schnaps gemacht, um uns zu verderben*", behauptete Udo Jürgens einst in einem seiner Lieder. Was Whisky betrifft, lag er damit freilich völlig falsch. Nicht der Teufel, sondern Männer Gottes und der Kirche, fromme Mönche irgendwo in Irland oder Schottland, waren es, die vor vielen Jahrhunderten das erfunden haben, was heutzutage als Whisky bekannt ist. Wann und wo genau dies geschah, ist zwar nicht überliefert, aber bis heute zeugt der Name jener Spirituose von ihrer spirituellen Herkunft.

Whisky ist nämlich die Abkürzung eines Begriffs aus der in Irland und Schottland mancherorts bis heute gebräuchlichen gälischen Sprache. Er bedeutet übersetzt „Wasser des Lebens", stammt ursprünglich aus der Bibel und beschreibt dort die Zuwendung Gottes zum Menschen, seine Liebe, seine Gnade, sein Heil. So findet sich etwa im letzten Buch der Heiligen Schrift, der Offenbarung des Johannes, die ebenso verblüffende wie verlockende Verheißung: „Wer will, empfange unentgeltlich das Wasser des Lebens!" (Offb 22,17)

Erfunden haben die iro-schottischen Mönche den Whisky ursprünglich zu medizinischen Zwecken. Den in den Krankenstationen der Klöster zur Herstellung medizinischer Tinkturen benötigten Alkohol hatte man zunächst aus Wein destilliert, den man zu diesem Zweck ebenso aufwändig wie teuer importieren musste. Als man darauf kam, dass das Ganze genauso gut auch mit vergorener Getreidemaische funktioniert, stellte dies eine erhebliche Erleichterung dar. Denn Getreide gab es in Irland und Schottland mehr als genug.

Mit der Zeit beherrschten die Alchemisten, Apotheker und Ärzte im Mönchsgewand die Kunst der Destillation so gut, dass nicht nur Kranke, sondern in zunehmendem Maß auch Gesunde nach ihren Erzeugnissen gelüsteten. So wurde aus dem ursprünglichen Heilmittel immer mehr und schließlich vor allem ein Genussmittel. Ganz in Vergessenheit geraten ist der medizinische Ursprung des Whiskys aber nie. Bis heute sind viele Schotten fest davon überzeugt, dass eine Flasche Whisky jede Hausapotheke ersetzt.

Ob es sich nun um eine verstopfte Nase oder ein gebrochenes Bein handelt – bevor so mancher Schotte in die Apotheke oder zum Arzt geht, versucht er es erst mal mit ein paar Schlucken Whisky. Doch gerade dann, wenn man dem Whisky eine wie auch immer geartete heilsame Wirkung nachsagt oder auch nur daran erinnert, dass er einst zu medizinischen Zwecken erfunden wurde, sollte man nicht verschweigen, dass seine Einnahme, ganz wie bei einer Medizin, mit erheblichen Gefahren und Nebenwirkungen einhergeht.

Schließlich enthält Whisky einen hohen Prozentsatz Alkohol – und Alkohol kann dem menschlichen Organismus bekanntlich schweren Schaden zufügen. So wohltuend ein Schluck Whisky mitunter auch sein mag – ihn als eine Art Universalmedizin zu betrachten, wäre naiv, ja fatal. Glücklicherweise gibt es aber eine andere Universalmedizin – und zwar eine, die nicht nur garantiert frei ist von Nebenwirkungen, sondern zudem in unbegrenzter Menge und noch dazu vollkommen kostenlos zur Verfügung steht: das Lachen.

Lachen gilt von jeher, und zwar zu Recht, als die beste Medizin. Denn wer lacht, lebt auf. Wer lacht, bringt einen gewissen Abstand zwischen sich und seine Ängste, Probleme und Leiden; und was aus einem gewissen Abstand heraus betrachtet wird, verliert an Größe, an Bedrohlichkeit, an Belang. Wer lacht, akzeptiert, dass vieles in dieser Welt nicht so ist, wie es sein sollte – das eigene Dasein eingeschlossen. Lachen ist darum das beste Mittel, um mit den Unvollkommenheiten dieser Welt und des eigenen Daseins zurechtzukommen.

Das Problem dabei ist nur, dass einem angesichts all der Unvollkommenheiten dieser Welt und des eigenen Daseins normalerweise nicht gerade zum Lachen zumute ist. Um aber unabhängig von zufälligen, kuriosen oder komischen Ereignissen lachen zu können, ha-

Die Ruinen von Melrose Abbey erinnern an die zerstörerische Wirkung von Moralismus, Fanatismus und Intoleranz.

ben sich die Menschen von jeher Witze erzählt. Ein Witz ist immer eine kurze, oftmals frei erfundene Erzählung, in der eine missliche Situation, also eine Erfahrung der Unvollkommenheit dieser Welt und des menschlichen Daseins, ins Kuriose und Komische überführt wird.

Indem ein guter Witz zum Lachen bringt, kann er ebenso wie ein guter Whisky – ja sogar noch besser, weil gefahrlos und nebenwirkungsfrei – das menschliche Leben bereichern und erleichtern, vor seelischen Verwundungen schützen und diese, sollten sie bereits eingetreten sein, heilen oder zumindest lindern. Witz und Whisky haben also manches gemeinsam und passen darum bestens zusammen. So kann es nicht verwundern, dass es eine Menge an Witzen gibt, in denen es auch, nicht selten sogar vor allem um Whisky geht.

Eben solche Witze sind es, die für dieses Buch gesammelt wurden und darin erstmals gemeinsam präsentiert werden. Die meisten von ihnen stammen – wie könnte es anders sein – aus Irland oder Schottland. Sie sollen – vielleicht zusammen mit dem Genuss eines guten Whiskys – die Unvollkommenheiten dieser Welt und des eigenen Daseins ein wenig erträglicher machen und zugleich die jedem Menschen innewohnende Sehnsucht nach Vollkommenheit und Glück lebendig erhalten, wenn nicht sogar verstärken und vertiefen.

Denn in der urmenschlichen Sehnsucht nach Vollkommenheit und Glück zeigt sich nichts weniger als die Sehnsucht nach dem Paradies, die Sehnsucht nach Heil, die Sehnsucht nach Gott. Insofern kann sowohl die Freude über einen guten Witz als auch der Genuss eines guten Whiskys durchaus zu einer spirituellen Erfahrung werden. Denn jede Freude und umso mehr jeder Genuss bietet nichts weniger als eine Kostprobe des Paradieses, eine Kostprobe des verheißenen Lebens „in Fülle" (Joh 10,10), eine Kostprobe von Gott selbst.

Dabei sollte man aber nicht vergessen, dass ein erheblicher Teil der Unvollkommenheiten dieser Welt und des eigenen Daseins nicht naturgegeben, sondern von Menschen gemacht ist. Es sind die Menschen selbst, die das Leben sich und anderen oft unnötig schwer machen. Man nennt dergleichen, sofern es denn bewusst geschieht, Sünde. Auch davon zeugen viele Witze, indem sie die von Menschen verursachten Unvollkommenheiten ungeniert, pointiert und – im wahrsten Sinn des Wortes – mit Vergnügen zur Sprache bringen.

Das gilt nicht zuletzt für die so genannten Haupt- oder Wurzelsünden, die, ein wenig augenzwinkernd, der Gliederung dieses Buchs zugrunde gelegt wurden; zu ihnen werden seit alters her Stolz, Geiz, Begierde, Zorn, Maßlosigkeit, Missgunst und Trägheit gezählt. Auf diese Weise soll von vorneherein darauf aufmerksam gemacht werden, dass ein guter Witz die Unvollkommenheiten dieser Welt und des eigenen Daseins im Idealfall nicht nur erträglicher zu machen, sondern – angefangen bei sich selbst – sogar zu reduzieren vermag!

In jedem Fall ist ein guter Witz ein weitaus wirksameres Mittel gegen die Sünde als jede noch so gut gemeinte Moralpredigt. Ein guter Witz transportiert nämlich fast immer eine moralische Botschaft, warnt vor den Folgen bestimmter Verhaltensweisen und empfiehlt andere, verfällt aber nie in Moralismus. Moralismus hingegen verhindert nicht nur keine Sünde, sondern fördert sie sogar; denn das, was unter Zuhilfenahme des moralischen Zeigefingers verurteilt, verboten und verteufelt wird, erscheint einem in der Regel nur umso verlockender.

Nichts ist darum einer glaubwürdigen und gedeihlichen Moral abträglicher als Moralismus, als der selbstgefällige und selbstgerechte Eifer von zudem meist selbsternannten Moralaposteln. Leider gibt es davon nach wie vor nicht wenige. Ihnen sei dieses Buch gewidmet – in der Hoffnung, dass es auch sie zum Lachen bringt und vielleicht sogar dazu anregt, sich die Unvollkommenheiten dieser Welt und des eigenen Daseins mithilfe eines guten Whiskys ein wenig erträglicher zu machen – und so ein wenig erträglicher zu werden.

Wer mehr über Whisky, seinen Ursprung, seine Heimat, seine Herstellung, seine Vielfalt, seine Verkostung, die mit seinem Genuss einhergehenden Gefahren sowie die ihm innewohnende Spiritualität erfahren möchte, sei an dieser Stelle noch auf zwei andere, ebenfalls im Verlag EOS – Editions St. Ottilien erschienene Bücher hingewiesen: „Wasser des Lebens – Eine Einführung in die Spiritualität des Whiskys“, erschienen 2016, und „Whisky-Wallfahrten – Ein spiritueller Reiseführer durch Schottland“, erschienen 2018.

Wolfgang F. Rothe

WHISKY UND STOLZ

„Wer also zu stehen meint, der gebe Acht, dass er nicht fällt." (1 Kor 10,12)

In der 1949 gegründeten Tullibardine Distillery ist man bis heute stolz darauf, die Tradition einer 1488 erstmals urkundlich erwähnten Brauerei fortzuführen.

Nichts ist vollkommen

Als Gott Schottland erschaffen hatte, war er von seinem Werk derart angetan, dass er den Erzengel Michael herbeirief.
„Schau dir das an“, sagte Gott, „habe ich das nicht großartig hinbekommen? Diese atemberaubende Landschaft, dieses weder zu heiße noch zu trockene Wetter, diese tapferen Männer, und erst die hübschen Frauen! Außerdem habe ich den Leuten dort unten einen exzellenten Musikgeschmack und ein besonderes Getränk gegeben, das Whisky genannt wird. Magst du mal probieren?“

Die Schotten sind sehr stolz auf ihre Traditionen, von denen manche älter zu sein scheinen, als sie tatsächlich sind.

Der Erzengel Michael lässt sich nicht lange bitten und probiert einen Schluck.
„Großartig“, stimmt er Gott zu, „wirklich großartig! Aber meinst du nicht, dass du's mit deiner Großzügigkeit ein bisschen übertrieben haben könntest? Müssten die Leute da unten in Schottland nicht auch etwas haben, was sie zumindest ein bisschen plagt, damit sie nicht stolz und übermütig werden?“
„Nur keine Sorge“, erwidert Gott: „Schau doch mal, was ich ihnen für Nachbarn gegeben habe!“

Blutige Lektion

Ein als überzeugter Abstinenzler bekannter Geistlicher kommt zum Barbier um sich rasieren zu lassen. Der Barbier, der wiederum dafür bekannt ist, mitunter dem Whisky mehr zuzusprechen, als ihm guttut, erschrickt, als er ihn erkennt, und macht sich zitternd an die Arbeit. So passiert es, dass er seinem Kunden in die Wange schneidet.
Der aber hat nur auf eine solche Gelegenheit gewartet, schaut den Barbier missbilligend an, holt tief Luft und verkündet dann lautstark: „Sie Tölpel! Da zeigt sich mal wieder, wie schädlich Whisky für den Menschen ist!“
Der Barbier hat sich inzwischen aber wieder gefasst und antwortet milde lächelnd: „Da haben Sie wohl Recht, Hochwürden: Wenn man zu viel davon trinkt, wird die Haut recht schrumpelig, und das macht uns Barbieren die Arbeit nicht gerade einfach.“

Grund zum Feiern

Zwei Schotten kommen in einen Pub und bestellen freudestrahlend zwei doppelte Whiskys.
„Na, gibt's was zu feiern?“, fragt der Barmann.

„Und ob!“, erwidert einer der beiden: „Wir haben gerade ein Puzzle mit 100 Teilen in Rekordzeit fertiggestellt!“
„Und? Wie lange habt ihr gebraucht?“, fragt der Barmann weiter.
„Gerade mal ein halbes Jahr!“, erwidert diesmal der andere der beiden.
„Ein halbes Jahr?“, wundert sich der Barmann: „Das klingt aber nicht gerade nach einem Rekord...“
„Doch, doch!“, beharrt der erste: „Auf der Verpackung stand: drei bis sieben Jahre!“

Alternativlos

Ein Schotte kommt in eine Bar in München und bestellt einen Whisky, „einen schottischen natürlich“, wie er stolz hinzufügt.
„Tut mir leid, aber wir führen nur deutsche Whiskys“, erklärt ihm der Barmann.
Sichtlich verunsichert und nicht minder skeptisch lässt sich der Mann nach einigem Zögern ein Glas von einem der angebotenen Whiskys deutschen Ursprungs einschenken.
Nachdem er den ersten Schluck genommen hat, fragt ihn der Barmann erwartungsvoll: „Und? Wie schmeckt er Ihnen?“
„Sagen wir's mal so“, erwidert der Mann: „Ich werde froh sein, wenn ich mein heutiges Pensum geschafft habe.“

Kein Vergleich

„Ach, hör doch auf“, faucht ein Engländer einen Schotten an, der nicht aufhören kann, über die Schönheiten und Vorzüge seiner Heimat zu schwärmen: „Was bliebe denn übrig, wenn man euch die Berge, Täler und Seen, die Dudelsäcke und Kilts, den

Die ältesten erhaltenen Gebäude der Aberfeldy Distillery beherbergen heute ein modernes Besucherzentrum.

Lachs und vor allem den Whisky wegnähme?"
Der Schotte muss nicht lange überlegen um zu antworten: „Ganz einfach: England!"

Fehlverhalten

Ein Schotte geht zum Arzt und jammert über allerlei Beschwerden.
Nach der Untersuchung fragt ihn der Doktor: „Sie trinken doch bestimmt jeden Tag das eine oder andere Glas Whisky, nicht wahr?"
„Aber nein!", empört sich der Patient: „Ich bin sehr stolz darauf, dieser Versuchung von jeher widerstanden zu haben!"
„Das ist allerdings bedauerlich", erwidert ihm der Arzt.
„Warum das denn?"

„Weil es Ihnen guttäte, wenn Sie damit aufhören könnten.“

Unbekannte Todesursache

Ein Schotte kommt zum ersten Mal in seinem Leben nach London und sucht dort schnurstracks einen Pub auf, wo er allerdings vergeblich nach einem Single Malt Whisky Ausschau hält.
Stattdessen kann ihm der Barmann lediglich einen Blend anbieten, den er seinem skeptisch dreinblickenden Gast nach Kräften schmackhaft zu machen versucht: „Schauen Sie nur: Auf dem Etikett dieses Whiskys steht, dass er sogar von mehreren britischen Monarchen geschätzt und empfohlen wurde!“
„Das mag ja sein“, erwidert der Schotte , „aber wenn ich mich nicht täusche, sind diese Herren alle schon tot – und wer weiß, woran sie gestorben sind…“

Einmal Schotte, immer Schotte

Ein Schotte stirbt und kommt in den Himmel, wo er vor den Thron Gottes geführt wird. Noch bevor Gott etwas zu ihm sagen kann, hebt der Schotte mit bewegter Stimme an: „Oh Allmächtiger, ich danke dir, dass ich mein irdisches Leben in Schottland verbringen durfte, diesem wunderbaren Land mit seiner grandiosen Landschaft, seinem ausgeglichenen Klima, seinen tapferen Männern und schönen Frauen und nicht zuletzt der wunderbarsten aller Gottesgaben: dem Whisky! Apropos Whisky – ich hätte da eine Flasche vom besten Single Malt Whisky für dich dabei!“
„Wie aufmerksam von dir“, lobt ihn der Allmächtige, „die nehme ich natürlich gerne! Hast du sonst noch

etwas, was du mir sagen möchtest?“
„Aye“, erwidert der Schotte und senkt plötzlich seine Stimme, „weil du's bist, könnte ich dir die Flasche für gerade einmal 20 Pfund überlassen...!“

Unfallopfer

Ein Schotte hat zu Weihnachten von seinem Chef eine schöne, warme Mütze mit Ohrenschützern geschenkt bekommen. Er ist so stolz darauf, dass er sie am liebsten gar nicht mehr absetzen würde und sogar zu Hause und im Pub aufbehält.
Einige Zeit später, an einem besonders kalten und windigen Tag, begegnet er seinem Chef, der sich sogleich wundert: „Wo haben Sie denn die Mütze, die ich Ihnen zu Weihnachten geschenkt habe? Gefällt Sie Ihnen nicht mehr? Oder haben Sie sie etwa verloren?“
„Nein, nein“, erwidert der Mann, „aber seit meinem Unfall lasse ich sie lieber zu Hause.“
„Ihrem Unfall?“, fragt der Chef nach: „Davon habe ich ja gar nichts gehört? Was ist denn passiert?“
„Es war schrecklich“, berichtet der Mann: „Eines Abends bin ich in den Pub gegangen. Dabei hatte ich die Mütze auf, die Sie mir geschenkt haben, die mit den Ohrenschützern. Und dann ist es passiert: Jemand hat eine Runde Whisky ausgegeben – und ich habe es glatt überhört...!“

Freiwilliger Verzicht

Drei weltberühmte Whiskyexperten, ein Deutscher, ein Engländer und ein Schotte, haben sich in einer schicken Bar verabredet. Nachdem sie die Barkarte ausgiebig studiert haben, rufen sie den Barmann

Auf Druck der örtlichen Geistlichkeit musste die Pulteney Distillery ihren Betrieb von 1930 bis 1951 einstellen.

herbei, um ihre Bestellungen aufzugeben.
Der Deutsche macht den Anfang: „Nachdem schottischer Whisky leider nicht mehr das ist, was er mal war, nehme ich einen deutschen Whisky. Deutscher Whisky liegt derzeit voll im Trend."
Der Engländer zieht die Augenbrauen hoch und ätzt: „Deutscher Whisky? Was kann vom Kontinent schon Gutes kommen? Da gehe ich doch lieber auf Nummer sicher und nehme einen englischen Whisky!"
Nun ist der Schotte dran, seine Bestellung aufzugeben: „Eine Cola, bitte", sagt er zum Erstaunen seiner beiden Kollegen.
„Was ist denn mit dir los", fragt ihn einer der beiden, „warum trinkst du denn keinen Whisky?"
„Na, wenn ihr keinen Whisky trinkt", lautet die Antwort, „trinke ich auch keinen!"

Wissensdurst

Eine Schottin begegnet auf der Straße der Lehrerin ihres gerade eingeschulten Sohnes.
„Alle Achtung!", hebt die Lehrerin an: „Ihr Sohn hat einen ganz außergewöhnlichen Wissensdurst! Hat er das von Ihnen?"
„Nur teilweise", erwidert die Frau: „Das Wissen dürfte er von mir haben, den Durst aber eher von seinem Vater."

Hauptsache gewonnen

Ein Mann, der gerade aus dem Pub nach Hause gekommen ist, präsentiert seiner Frau voller Stolz eine

Die herbe Anmut der schottischen Landschaft prägt sowohl den Charakter ihrer Bewohner als auch den des Whiskys.

Flasche teuren Whiskys.
„Wo hast du die denn her?“, fragt sie misstrauisch.
„Die habe ich gewonnen“, erklärt er ihr stolz.
„Du? Wie das denn?“, hakt sie skeptisch nach.
„Na, im Pub gab es heute einen Wettbewerb im Kopfrechnen – und der erste Preis war diese Flasche Whisky!“
„Und du hast gewonnen? Das kann ich ja kaum glauben...?!“
„Doch! Die entscheidende Frage lautete, wieviel drei mal sieben ist – und ich lag mit neunzehn am nächsten dran!“

Bewährungsprobe

Ein Mann betritt einen Pub irgendwo in den schottischen Highlands, dessen Besitzer, einem an der Bar angebrachten Schild zufolge, selbst Whisky brennt. Neugierig geworden bittet der Gast darum, den hauseigenen Whisky probieren zu dürfen.
„Sehr gerne!“, erwidert der Besitzer des Pubs voller Stolz, um dann mit gedämpfter Stimme hinzuzufügen: „Sie werden aber sicher verstehen, wenn ich beim selbstgebrannten Whisky leider darauf bestehen muss, dass Sie vor dem Probieren bezahlen.“

Traditionsbewusst

Ein junger Mann aus den schottischen Highlands ist volljährig geworden. Sein Vater ruft ihn noch am selben Tag zu sich und erinnert ihn an eine alte Familientradition: „Wie ich dir schon oft erzählt habe, durften mein Großvater, mein Vater und ich selbst, sobald wir volljährig geworden waren, zum ersten Mal in den Pub gehen und dort einen Whisky trinken! Heute, mein Sohn, an deinem Geburtstag,

darfst du dasselbe tun!“
Voller Stolz und Vorfreude zieht sich der junge Mann seinen besten Kilt an, kämmt sich die Haare und bricht auf. Ein weiter Weg liegt vor ihm, denn der nächste Pub liegt auf der gegenüberliegenden Seite des Sees, an dessen Ufer die Familie seit unvordenklichen Zeiten wohnt.
Es dauert aber nur wenige Minuten, bis er erneut vor seinem Vater steht: heulend und von Kopf bis Fuß durchnässt!
„Was hast du denn gemacht?“, wundert sich sein Vater.
„Ich habe alles genau so gemacht, wie du immer erzählt hast, dass du selbst, dein Vater und dein Großvater es gemacht hätten“, schluchzt der junge Mann: „Ich habe mir meinen besten Kilt angezogen, die Haare gekämmt und wollte dann über den See hinüber zum Pub gehen...“
„Du Dummkopf!“, unterbricht ihn daraufhin sein Vater: „Eines hast Du nicht bedacht: Dein Urgroßvater, dein Großvater und ich, wir alle wurden mitten im Winter geboren – du aber im Juli!“

Hochgenuss

Zwei nicht weit voneinander entfernt gelegene Whiskydestillerien konkurrieren seit jeher darum, wer von ihnen den besseren Whisky produziert.
Eines Tages lässt der Manager der einen ein Seil über den Hof seiner Destillerie spannen und engagiert einen Artisten, der immer dann, wenn Besuchergruppen eintreffen, darüber balanciert und dabei ein Banner entfaltet, das stolz verkündet: „Dieser tollkühne Artist trinkt nur unseren Whisky!“

Zur Wahrung vieler Traditionen bedarf es nicht nur eines gewissen Stolzes, sondern auch der Bereitschaft anzupacken.

Kurz darauf hängt hoch oben am Schornstein der anderen Destillerie ein Schild, auf dem zu lesen steht: „Um unseren Whisky zu trinken, muss man nicht tollkühn sein!"

WHISKY UND GEIZ

„Gebt, dann wird auch euch gegeben werden! Ein gutes, volles, gehäuftes, überfließendes Maß wird man euch in den Schoß legen". (Lk 6,38)

Die 2014 entstandene Inneneinrichtung der nahe bei St Andrews gelegenen Kingsbarns Distillery greift bewusst die architektonischen Formen gotischer Kirchen auf.

Abgezählt

Ein Schotte klopft an der Haustür seines Nachbarn. Als dieser öffnet, drückt er ihm wortlos eine Flasche Whisky in die Hand.
„Wieso bringst du mir nur eine Flasche“, erwidert der Nachbar ärgerlich, „ich hatte dir doch zwei geliehen?“
„Oh, das tut mir leid“, beteuert der erste errötend, „da muss ich mich wohl verzählt haben...“

Nur nichts verschwenden: Die Überreste der Maische, Draff genannt, finden gewöhnlich als Viehfutter Verwendung.

Unkollegial

Eine Frau fragt ihren Mann: „Nicht, dass ich etwas dagegen hätte – aber warum gehst du seit einiger Zeit nicht mehr in den Pub und triffst dich dort mit deinem alten Kumpel?“
„Würdest du dich etwa mit jemandem treffen wollen“, fragt der Mann zurück, „der sich gerne einen Whisky ausgeben lässt, aber niemals selbst einen ausgibt und dir sogar, sobald du mal auf die Toilette gehst, auch noch heimlich dein Glas leertrinkt?“
„Nein, gewiss nicht.“
„Nun, das wollte mein alter Kumpel auch nicht.“

Feiner Unterschied

Zwei Schotten stehen schweigend an der Bar eines Pubs. Jeder von ihnen hat ein leeres Whiskyglas vor sich stehen. Nach einer Weile fragt der eine den anderen:
„Kennst du eigentlich den Unterschied zwischen dir

und einer Flasche?"
„Nein."
„Wenn eine Flasche voll ist, hat man keine Schwierigkeiten, einen Schluck aus ihr herauszubekommen."

Jedes Opfer wert

Ein Schotte kommt in eine Arztpraxis und deutet mit dem Finger auf seine Zunge, in der etliche Glassplitter stecken.
„Wie ist das denn passiert?", fragt ihn die Sprechstundenhilfe bei der Anmeldung.
Da der Mann aufgrund seiner verletzten Zunge nur unverständliche Laute von sich geben kann, reicht sie ihm Zettel und Stift. Als sie beides zurückerhält, steht auf dem Zettel geschrieben:
„Mir ist eine Flasche Whisky runtergefallen."

Umsatzsteigerung

Ein Schotte fragt den Betreiber eines Pubs: „Wie viele Flaschen Whisky leeren deine Gäste eigentlich so in der Woche?"
„So um die zwanzig, schätze ich", erwidert jener.
„Ich wüsste da eine Möglichkeit", fährt der Mann flüsternd fort, „wie du leicht auf das Doppelte kommen könntest."
„Und die wäre?"
„Mach einfach die Gläser anständig voll!"

Preisreduzierung

Ein Schotte kommt in einen Pub, zieht einen Stift aus der Tasche, greift nach einer der ausliegenden Barkarten und beginnt darin herumzustreichen.

„Hören Sie sofort auf damit", fährt ihn der Barmann an, als er das sieht, „Sie können doch nicht einfach in der Barkarte herumstreichen?!"
„Ich sehe mich leider dazu gezwungen", erklärt ihm sein Gast entschlossen, „denn ich habe eine Wette verloren und muss meinem Freund einen Whisky ausgeben. Und irgendwie muss ich ja verhindern, dass er sich, wenn er gleich kommt, einen allzu teuren bestellt."

Mehr als pünktlich

Zwei Schotten stehen whiskytrinkend an der Bar eines Pubs, als der eine plötzlich auf die Uhr schaut und, sein Glas hastig leerend, aufspringt.
„Tut mir leid", erklärt er dem anderen, „ich muss schleunigst weg; ich bin mit jemandem verabredet, dem ich unlängst versprochen habe, bei nächster Gelegenheit einen auszugeben."
„Alles klar", sagt der andere, „und wo seid ihr verabredet?"
„Na, hier!", ruft der erste zurück, während er durch die Hintertür davoneilt.

Edler Tropfen

Ein nicht mehr ganz junger Schotte erleidet eines Tages einen Herzstillstand. Seine Frau ruft sofort den Hausarzt herbei, der innerhalb weniger Minuten zur Stelle ist und ihrem Mann das Leben rettet.
Nach seiner Genesung sucht der Mann den Arzt auf, bedankt sich vielmals und überreicht ihm eine aufwändig verpackte Flasche Whisky. Als der Arzt die Flasche wenig später auspackt, staunt er nicht schlecht – handelt es sich dabei doch um eine echte Rarität, eine Flasche, wie man sie eher aufhebt und

In Schottland gibt es nicht weniger als 215 Leuchttürme; Lismore Lighthouse gilt als einer der schönsten davon.

bestaunt als öffnet und genießt.
Einige Wochen später sucht der Mann erneut seinen Hausarzt auf. Am Ende der Untersuchung fragt er: „Und? Wie steht's um mich?"
„Keine Sorge, bei Ihnen ist alles in bester Ordnung. Aber sagen Sie bitte Ihrer Frau, sie soll gelegentlich mal in meiner Praxis vorbeischauen: Sie hat nämlich einen erhöhten Cholesterinspiegel."

Bewährtes Mittel

Ein Schotte klingelt mitten in der Nacht den örtlichen Apotheker aus dem Bett, klagt über Bauchweh

Die Natur kennt keinen Geiz; mit dem, was sie hat, geht sie großzügig, manchmal sogar fast verschwenderisch um.

und bittet um ein Medikament, am besten ein einfaches Hausmittel, in jedem Fall eines, das nicht zu teuer ist.
„Deswegen holen Sie mich aus dem Bett?“, faucht ihn der Apotheker an, „Sie hätten's ja auch erst mal

mit einem Glas Whisky probieren können."
„Und Sie meinen wirklich, das könnte helfen?", fragt der Mann erleichtert zurück. „Dann wünsche ich Ihnen weiterhin eine gute Nacht!"

Wachstumshemmung

Ein Schotte bekommt überraschend Besuch von einem alten Bekannten. Höflich bittet er ihn herein und fragt ihn, ob er etwas trinken möchte, einen Tee vielleicht.
„Wenn du nichts dagegen hast", erwidert sein Gast ungeniert, „würde ich einen Whisky bevorzugen."
Zögernd holt der Gastgeber eine Flasche aus dem Schrank und füllt etwas daraus in ein Glas, das er seinem Gast mit den Worten reicht: „Diesen Whisky solltest du mit Bedacht genießen: Er ist sage und schreibe achtzehn Jahre alt!"
„Das will ich dir ja gerne glauben", erwidert der Gast ungerührt, „aber findest du nicht, dass der Gute für sein Alter etwas klein geraten ist?"

Guter Eindruck

Ein junger, etwas schüchterner Schotte erzählt seinem Vater, dass er kürzlich ein recht nettes und noch dazu hübsches Mädchen kennengelernt hätte. Sie seien sogar schon einmal miteinander ausgegangen. Besorgt fragt ihn sein Vater: „Ihr habt hoffentlich nur einen Spaziergang zusammen gemacht und seid nicht etwa in ein Pub gegangen? Wenn man jemanden gleich zu einem Getränk einlädt, einem teuren Whisky gar, könnte schließlich ein völlig falscher Eindruck entstehen?!"
„Keine Sorge, Papa", erwidert der Junge: „Wir waren zwar zusammen im Pub, haben aber gerade einmal

zwei Pfund ausgegeben. Mehr hatte sie auch gar nicht dabei!"

Risikoabwägung

Ein älteres Ehepaar wohnt auf einer Insel inmitten des Loch Lomond. Nach einem langen und frostigen Winter gehen die Whiskyvorräte des Mannes langsam zur Neige. Da er nicht mehr gut zu Fuß ist, bittet er seine Frau, über den zugefrorenen See in den nächsten Ort zu gehen und ihm ein paar Flaschen zu besorgen. Geld gibt er ihr allerdings keines mit; stattdessen trägt er ihr auf, den fälligen Betrag anschreiben zu lassen.
Einige Stunden später kehrt sie zurück und berichtet, dass der Kaufmann gar nicht erfreut gewesen sei, als sie ihn gebeten hätte, den fälligen Betrag anzuschreiben.
„Warum wolltest du mir eigentlich kein Geld mitgeben", fragt sie ihn ärgerlich.
„Ach, weißt du", erwidert er sanft, „der Winter geht ja langsam zu Ende und ich war mir nicht sicher, ob das Eis noch dick genug sein würde..."

Familienzusammenführung

Ein Schotte besucht einen alten Bekannten in England. Dort gefällt es ihm wider Erwarten ausgezeichnet. Insbesondere die gut bestückte Hausbar seines Bekannten hat es ihm angetan. So werden aus dem geplanten Kurzbesuch erst drei Tage, dann fünf, und schließlich eine ganze Woche.
Am nächsten Abend, als sich der Schotte einmal mehr an den reichhaltigen Whiskyvorräten des Hauses gütlich tut, beschließt der Engländer, etwas zu

unternehmen. Nach einigem Zögern fragt er seinen Gast mit der den Engländern eigenen Zurückhaltung:
„Sag mal, mein Freund, was macht eigentlich deine Familie? Möchtest du sie nicht langsam mal wiedersehen?"
„Was bist du doch für ein feinfühliger Mensch", erwidert ihm der Schotte daraufhin ganz gerührt: „Natürlich möchte ich meine Lieben wiedersehen – je eher desto besser. Ich werde sie gleich mal anrufen und fragen, ob sie nicht ebenfalls herkommen möchten!"

Kindersegen

Ein Schotte betritt mit zwei Kindern an der Hand einen Pub.
„Was darf's sein?", fragt ihn der Barmann.
„Für mich bitte einen doppelten Whisky", erwidert der Mann, „und für die beiden Kleinen jeweils eine Limonade."
Als der Barmann das Bestellte anreicht, fängt der Mann plötzlich an, in seinen Taschen zu kramen und sagt schließlich: „Es tut mir leid, aber ich habe meine Geldbörse im Auto vergessen – würden Sie vielleicht einen Moment auf die beiden Kinder aufpassen?"
„Klar doch", willigt der Barmann ein, woraufhin der Mann seinen Whisky austrinkt und nach draußen geht.
Eine halbe Stunde später ist er immer noch nicht zurück.
„Wo bleibt denn euer Vater so lange?", fragt der Barmann schließlich die beiden Kinder.
„Das ist gar nicht unser Vater", erklärt ihm das ältere der beiden: „Der nette Mann hat uns vorhin draußen auf der Straße angesprochen und gefragt, ob wir gerne eine Limonade trinken würden."

In so mancher Destillerie finden Besucher ein alles andere als spärliches Angebot an Speisen und Getränken vor.

Gerade so eben

Ein Schotte bestellt an der Bar einen Whisky und bezahlt, zur Überraschung des Barmanns, nicht mit sorgfältig abgezählten Münzen, sondern mit einem Geldschein. Der Barmann reicht ihm kurz darauf ein Glas mit dem gewünschten Inhalt sowie das Wechselgeld, das der Gast einmal, zweimal und schließlich ein drittes Mal nachzählt.
Nachdem ihm der Barmann eine Weile zugeschaut hat, fragt er ihn schließlich: „Alles in Ordnung mit dem Wechselgeld?“
„Doch, schon“, erwidert jener, „aber gerade so eben.“

Konsequent

An einem nasskalten Tag treffen sich zwei befreundete Schotten auf der Straße und geraten ins Plaudern.
Nach einer Weile meint der eine von ihnen: „Wir könnten ja auch auf einen Whisky rüber in den Pub gehen."
Verwundert fragt ihn der andere: „Ich dachte, du wolltest dir das Whiskytrinken abgewöhnen?"
„Aye, das stimmt", erwidert der erste, „aber ich habe gelesen, dass es besser ist, schrittweise vorzugehen. Den ersten Schritt habe ich schon geschafft: Ich gebe für Whisky kein Geld mehr aus!"

Großzügig

Ein Schotte trifft einen Bekannten auf der Straße und spricht ihn an: „Verzeih bitte, mein Lieber, aber ist dir eigentlich bewusst, dass du mir noch eine Flasche Whisky schuldest?"
„Och, kein Problem", erwidert der andere gelassen, „ist schon längst verziehen."

Stehvermögen

Ein Mann aus den Highlands kommt in eine schicke Whiskybar in Edinburgh und fragt nach dem Preis des billigsten Whiskys. Der Barmann nennt ihm den Preis, fügt aber hinzu, dass dieser nur gelte, wenn er den Whisky an der Bar zu sich nähme; würde er an einem Tisch Platz nehmen wollen, liege der Preis natürlich höher.
Der Gast überlegt eine Weile und fragt dann vorsichtig nach: „Und was würde das Glas kosten, wenn ich es auf einem Bein stehend trinke?"

Geteilte Freude

Drei alte Bekannte, ein Engländer, ein Ire und ein Schotte, haben sich seit mehreren Jahren nicht gesehen. Über Telefon verabreden sie sich zu einem Treffen. Um das Wiedersehen gebührend feiern zu können, vereinbaren sie außerdem, dass jeder von ihnen etwas mitbringen soll. So geschieht es auch: Der Engländer bringt eine Kiste Bier mit, der Ire eine Flasche Whiskey und der Schotte seine Verwandtschaft.

Wenig beruhigend

Ein Schotte reist mit der Fähre auf die Insel Islay. Während der Überfahrt weht ein heftiger Wind und ihm wird schlecht. Von heftigem Brechreiz geschüttelt steht er an der Reling.
„Sie sollten einen Whisky trinken“, rät ihm ein Besatzungsmitglied im Vorübergehen, „das beruhigt den Magen.“
„Gibt es denn keinen billigeren Schnaps hier auf dem Schiff als ausgerechnet Whisky?“, fragt der Geplagte zurück: „Das Risiko, dass es nichts helfen würde, ist mir doch ein wenig zu hoch...“

Halbe Hälfte

Ein Schotte kommt in einen Pub und fragt den Barmann: „Was kostet ein doppelter Whisky?“
„Drei Pfund“, antwortet der Barmann.
„Und wie viel würde es kosten, wenn ich nur einen einfachen Whisky nähme?“, fragt der Gast weiter.
„Zwei Pfund“, lautet die Antwort.
„Alles klar“, sagt der Mann, „dann hätte ich gerne die andere Hälfte.“

Nachlass

Ein Schotte mit einer Flasche Whisky in der Hand klopft an der Haustür eines Bekannten, die ihm kurz darauf von dessen Frau geöffnet wird.
„Könnte ich bitte kurz mit Ihrem Mann sprechen?“, fragt er sie.
„Nein, leider“, antwortet sie stockend.
„Warum denn nicht?“
„Weil er verstorben ist.“
„Wann ist das denn passiert?“
„Gerade eben.“
„Oh, das tut mir leid“, stammelt der Besucher, druckst danach etwas herum und fügt schließlich hinzu: „Er hat vorher nicht zufällig erwähnt, dass ihm noch irgendjemand eine Flasche Whisky schulden würde?“

Fegefeuer

Ein Schotte stirbt und kommt vor den Richterstuhl Gottes.
„Du bist wahrlich kein guter Mensch gewesen“, stellt Gott mit einem Blick in das Buch des Lebens fest, „aber du sollst noch einmal eine Chance bekommen: Hier ist ein Eimer. Mit dem sollst du den Firth of Forth leerschöpfen. Wenn du damit fertig bist, darfst du doch noch in den Himmel.“
„Das ist unfair“, hält der Mann dagegen: „Der Firth of Forth mündet in die Nordsee. Von dort aus würde immer wieder Wasser nachlaufen. Ihn leer zu schöpfen würde bis in alle Ewigkeit dauern!“
„Okay“, gibt Gott zu, „Du hast ja Recht. Ich gebe dir eine andere Aufgabe: Geh zurück in deine Stammkneipe und stell dich dort an die Bar. Sobald dir je-

mand einen Whisky ausgibt, darfst du in den Himmel!"
Sofort fragt der Mann: „Wo ist der Eimer?"

Güteraustausch

Ein Schotte kommt in einen Pub und bestellt sich einen Whisky, und zwar einen rauchigen, wie er ausdrücklich hinzufügt.
Als der Barmann das Gewünschte bringt, sagt der Gast: „Ach, ich hab's mir anders überlegt – ich hätte doch lieber einen nichtrauchigen Whisky."
Sichtlich ungehalten nimmt der Barmann das Glas mit dem rauchigen Whisky zurück und bringt kurz darauf eines mit nichtrauchigem. Der Mann nimmt es, trinkt es in einem Zug aus und wendet sich zum Gehen.
„Hey, Sie", ruft ihm der Barmann hinterher, „Sie haben Ihren Whisky noch nicht bezahlt?!"
„Sie meinen den nichtrauchigen? Aber dafür habe ich Ihnen doch den rauchigen zurückgegeben!", erwidert der Mann.
„Den haben Sie aber auch nicht bezahlt!"
„Warum sollte ich – schließlich habe ich ihn ja auch nicht getrunken!"

Geschmacksfrage

Ein Mann bestellt im Pub einen Whisky.
Nach einer Weile fragt ihn der Barmann: „Na, schmeckt Ihnen Ihr Whisky?"
„Nun, ja", antwortet der Gast, „sagen wir mal so: Bei jedem Schluck läuft mir das Wasser im Mund zusammen."

Immer mehr Destillerien geizen nicht mit ihren Reizen und heißen Besucher herzlich willkommen.

Nachforschung

„Was genau haben Sie mir eigentlich gerade serviert?“, fragt ein Gast den Barmann.
„Das, was Sie bestellt haben“, antwortet der Barmann gereizt: „Whisky mit etwas Wasser.“

Calton Hill, eine nordwestlich der Altstadt von Edinburgh gelegene Anhöhe, ist mit Monumenten reich bestückt.

„Und was von beidem haben Sie zuerst ins Glas gegossen?“, will der Gast weiter wissen.
„Den Whisky natürlich“, blafft der Barmann zurück.

„Na, dann besteht ja noch Hoffnung“, freut sich der Gast, „dass ich irgendwann auch darauf stoßen werde.“

Starker Durst

Ein Schotte begegnet einem Freund, dessen Hände dick verbunden sind.
„Was ist dir denn passiert?“, fragt er ihn erschrocken.
„Och“, erwidert der andere kleinlaut, „ich habe nur versucht, eine Whiskyflasche auszuwringen...“

Unerbittlich

Während der Zug langsam durch die schottischen Highlands bummelt, geht ein Mann von Waggon zu Waggon und fragt jeden der Fahrgäste, ob er vielleicht einen Schluck Whisky für ihn hätte. Einer nach dem anderen verneint oder schüttelt stumm den Kopf.
„Typisch Schotten!“, brummt er, als er am Ende des Zuges angekommen ist, und kramt seine eigene Flasche hervor.

Irres Vergnügen

Ein Schotte sorgt sich ernsthaft um seine geistige Gesundheit und entschließt sich nach langem Überlegen sogar, einen Psychiater aufzusuchen.
Der Psychiater hört sich an, was sein Patient zu berichten hat, und fragt ihn schließlich mit besorgter Miene: „Wann ist das denn zum ersten Mal passiert, dass Sie Vergnügen dabei empfunden haben, ihre Freunde auf einen Whisky einzuladen?“

WHISKY UND BEGIERDE

„Giere nicht nach jedem Genuss und schwelge nicht in Speisen! Denn im Übermaß der Speisen liegt Krankheit und die Unersättlichkeit bringt Brechdurchfall.“
(Sir 37,29-30)

Die große Zahl an immer neuen Abfüllungen und deren breites geschmackliches Spektrum macht es Whiskyliebhabern manchmal nicht leicht, ihre Begierde zu zügeln.

Die Gunst des Augenblicks

Zwei Schotten stehen an der Bar, trinken Whisky und flirten mit der nicht mehr ganz jungen Bedienung, die sich sichtlich geschmeichelt fühlt. Als der eine der beiden zur Toilette geht, blinzelt sie dem anderen verschwörerisch zu und flüstert:
„Schätzchen, das ist deine Chance!"
„Wenn du meinst...", erwidert jener errötend, greift nach dem Glas seines Nebenbuhlers und trinkt es hastig aus.

Die 1794 gegründete Oban Distillery gehört zu den ältesten noch in Betrieb befindlichen Destillerien Schottlands.

Geistige Gesundheit

Ein schottischer Geistlicher hat sich vorgenommen, seiner recht trinkfreudigen Gemeinde die Gefahren des Alkohols im Allgemeinen und die des Whiskys im Besonderen möglichst eindrücklich vor Augen zu führen.
Zu diesem Zweck platziert er eines Sonntags zwei Gläser auf der Brüstung seiner Kanzel, von denen das eine mit einer klaren, das andere mit einer goldbraun schimmernden Flüssigkeit gefüllt ist. Nachdem er seinen Zuhörern erklärt hat, dass das erste Glas Wasser und das zweite Whisky enthalte, zieht er aus seinem Talar eine kleine Schachtel hervor, entnimmt ihr einen fetten Regenwurm und lässt diesen in das erste, mit Wasser gefüllte Glas gleiten. Der Regenwurm wirkt im ersten Moment zwar etwas verblüfft, scheint sich aber schon bald in seiner neuen Umgebung recht wohl zu fühlen.
Nach einiger Zeit holt ihn der Geistliche wieder heraus und lässt ihn in das zweite Glas fallen, jenes mit Whisky. Sobald er in die Flüssigkeit eingetaucht ist, krümmt sich der Regenwurm einmal kurz zusammen und sinkt dann tot zu Boden.
„Und was lernen wir daraus?“, fragt der Geistliche daraufhin seine andächtig lauschende Gemeinde.
„Ganz einfach“, schallt es prompt aus einer der hinteren Kirchenbänke zurück: „Whisky ist gut gegen Würmer!“

Unbestechlich

Der Inhaber eines großen Bauunternehmens spricht bei einem Mitglied der schottischen Regierung vor und bietet ihm eine Flasche 50 Jahre alten Whiskys an – als Geschenk.

Für die 28.899 von ihm erlegten Mäuse wurde Kater Towser in der Glenturret Distillery ein Denkmal errichtet.

„Haben Sie vielen Dank“, bedauert der Politiker, „aber die Annahme von Geschenken ist mit den hohen ethischen Standards unserer Regierung leider nicht zu vereinbaren!“
„Alles klar“, gibt der Bauunternehmer augenzwinkernd nach, „selbstverständlich habe ich den größten Respekt vor Ihrer moralischen Integrität. Was aber würden Sie dazu sagen, wenn ich Ihnen die Flasche nicht als Geschenk, sondern für 50 Pfund zum Kauf anbieten würde?“
„In diesem Fall würde ich, sofern Sie das ermöglichen können, gleich zwei davon nehmen!“

Geistreiche Lektüre

Nachdem ein Geistlicher, sehr zu seinem Verdruss, den Paketboten verpasst hat, bleibt ihm gar nichts anderes übrig, als das sehnlichst erwartete Paket in

der örtlichen Postfiliale abzuholen. Dort begegnet er einer ebenso frommen wie sittenstrengen Dame aus seiner Gemeinde, die ihm ohne zu zögern den Vortritt lässt, obwohl ihm dies, wie er schwerlich verbergen kann, alles andere als angenehm ist.
Denn so kommt er nicht umhin, sich sein Paket unter dem ebenso neugierigen wie strengen Blick jener Dame aushändigen zu lassen. Sicherheitshalber erklärt er darum dem jungen Mann hinter dem Schalter etwas lauter, als es eigentlich notwendig wäre: „Für mich dürfte eine Büchersendung eingetroffen sein, die ich gerne abholen würde."
„Gut, dass Sie so schnell vorbeikommen, Hochwürden", erwidert ihm der junge Mann, ebenfalls ein wenig lauter sprechend als es eigentlich notwendig wäre: „Ich muss Ihnen nämlich leider mitteilen, dass eines Ihrer Bücher undicht ist."

Gutes Gedächtnis

Zwei Schotten begegnen sich auf der Straße.
„Wir haben uns aber lange nicht gesehen", bedauert der eine, „darauf sollten wir unbedingt einen trinken!"
„Genau zehn Jahre, vier Monate und drei Tage ist es her", erinnert sich der andere: „Ich weiß das deswegen noch so genau, weil der letzte Whisky, den wir damals getrunken haben, auf meine Rechnung ging."

Kostprobe

Ein Mann und eine ältere Frau sitzen nebeneinander in einem Zugabteil. Plötzlich beginnt es aus einem der Gepäckstücke, die sich in der Ablage über ihren Köpfen befinden, zu tropfen.

Wer auf die Bibel pocht, sollte nicht vergessen, dass Jesus 600 Liter Wasser in Wein verwandelt hat (Joh 2,1-11).

Geschickt fängt der Mann einen Tropfen mit seinem Zeigefinger auf, schnuppert daran und schleckt ihn schließlich ab.
„Whisky!“, sagt er anerkennend: „Und zwar richtig alter!“.
„Fast richtig“, erwidert die Frau lächelnd: „Mein Mann liegt daheim krank im Bett und ich bin auf dem Weg zum Arzt, um seine Urinprobe abzugeben. Leider scheint das Fläschchen nicht ganz dicht zu sein...“

Sammelleidenschaft

Eine ältere, fromme Dame hat sich bereiterklärt, an der alljährlichen Haussammlung für die Bedürftigen ihrer Gemeinde mitzuwirken.
Als sie nach getaner Arbeit ins Gemeindehaus kommt, um das gesammelte Geld abzugeben, begegnet ihr der Ortsgeistliche, der ihr einen kritischen Blick zuwirft und sie dann stirnrunzelnd anspricht: „Na, na, gute Frau, Sie scheinen mir nicht ganz si-

cher auf Ihren Beinen zu stehen: Haben Sie sich vielleicht ein wenig überanstrengt oder am Ende gar etwas getrunken?"
„Ich bitte vielmals um Entschuldigung, Hochwürden, aber überall, wo ich hingekommen bin, hat man mich netterweise hineingebeten und mir einen Whisky angeboten, den ich, um die edlen Spender nicht vor den Kopf zu stoßen, schwerlich ablehnen konnte."
„Gibt es denn in unserer Gemeinde etwa niemanden mehr, der sich vom Alkohol fernhält?"
„Doch, doch, Hochwürden, den einen oder anderen gibt es schon. Aber, ganz ehrlich, da würde ich niemals hingehen!"

Lebenssaft

Ein Schotte hat zu seiner großen Freude eine Flasche Whisky geschenkt bekommen. Da er mit dem Fahrrad unterwegs ist, verstaut er die Flasche in seiner Jackentasche und radelt nach Hause. Unterwegs wird er auf einer engen Straße von einem viel zu schnell fahrenden Auto überholt, gerät ins Straucheln und stürzt.
Benommen liegt er einige Zeit auf dem Pflaster. Als er langsam wieder zu sich kommt, stellt er zu seinem Schrecken fest, dass sich auf seiner Jacke ein dunkler Fleck auszubreiten beginnt.
„Lieber Gott", betet er sofort mit Inbrunst, „bitte gib, dass das nur Blut ist!"

Testprogramm

Ein in Schlangenlinien fahrendes Auto wird von einer Polizeistreife gestoppt.
„Sind Sie mit einem Alkoholtest einverstanden?",

Eilean Donan Castle ist nach dem heiligen Donnán von Eigg benannt, der im 6. Jahrhundert lebte und als Märtyrer starb.

fragt einer der Polizisten den Fahrer streng.
„Aber selbstverständlich“, antwortet dieser begeistert: „Nicht weit von hier gibt’s einen netten Pub – wenn Sie nichts dagegen haben, könnten wir gleich dort anfangen!“

Zeit ist Geld

Ein Schotte kommt in einen Pub, betrachtet kurz die reiche Whiskyauswahl hinter der Theke und gibt dann, während er mit dem Finger auf die entsprechenden Flaschen deutet, seine Bestellung auf: „Bitte ein Glas von dem, von dem, von dem und von dem!“
„Alles auf einmal?“, fragt der Barmann skeptisch.
„Alles auf einmal“, erklärt sein Gast.
Nachdem er das Gewünschte erhalten hat, trinkt der Mann die Gläser der Reihe nach hastig aus.
„Sie haben’s aber eilig“, kommentiert der Barmann.
„Sie hätten’s genauso eilig wie ich, wenn Ihnen das Gleiche fehlen würde wie mir“, erwidert der Mann.
„Und was fehlt Ihnen, wenn ich fragen darf?“
„Genügend Geld natürlich!“

Entscheidende Fragen

Ein Schotte ist angeklagt, illegal Whisky gebrannt und verkauft zu haben. Am Ende des Verfahrens wendet sich der Richter noch einmal an den Angeklagten und raunt ihm vertraulich lächelnd zu: „Bevor ich das Urteil verkünde, hätte ich noch ein paar entscheidende Fragen an Sie: Haben Sie Ihren Whisky zwei- oder dreifach destilliert? In was für Fässer haben Sie ihn abgefüllt? Wie lange haben Sie ihn gelagert? Und vor allem: Was verlangen Sie pro Flasche?“

Einmaliges Erlebnis

Anlässlich seines 50. Geburtstags hat ein Schotte seine drei besten Freunde zu sich eingeladen, um mit ihnen einen ganz besonderen Whisky zu genießen: einen, der genauso alt ist wie er selbst!
Als sich seine Gäste versammelt haben, öffnet er feierlich die Flasche und schenkt jedem von ihnen etwas daraus ein. Es dauert nicht lange, bis die drei ihre Gläser geleert haben und erwartungsvoll auf die Flasche schielen, die ihr Gastgeber nach wie vor in Händen hält.
Doch statt ihnen noch einmal nachzuschenken, verschließt jener die Flasche sorgfältig, zuckt mit den Schultern und sagt bedächtig: „Der Rest schmeckt genauso."

Ermessensfrage

Ein junger Richter fragt einen erfahrenen Kollegen um Rat: „Ich habe da den Fall eines Mannes, der illegal Whisky gebrannt hat – und das nicht zum ersten Mal. Was meinen Sie – wie viel soll ich ihm geben?"
„Auf keinen Fall mehr als zehn Pfund pro Flasche!", antwortet der Ältere ungerührt.

Herzenssache

Ein schottischer Professor steht vor seinem Whiskyschrank und murmelt nachdenklich vor sich hin: „Hm, trinke ich nun noch ein Glas Whisky oder nicht? Mein Kopf sagt: Drei Gläser sind mehr als genug; mein Herz sagt: eines geht noch. Zweifellos ist mein Kopf klüger als mein Herz. Und der Klügere gibt bekanntlich nach..."

Die Whiskyproduktion mag eine Wissenschaft für sich sein, ist aber ganz bestimmt keine trockene Materie.

Medizinischer Notfall

„Habe ich Ihnen nicht strenge Bettruhe verordnet?“, fragt der Arzt vorwurfsvoll, als er einem seiner Patienten auf der Straße begegnet: „Sie wollen sich wohl eine Lungenentzündung holen?“
„Aber nicht doch“, erwidert der Patient mit heiserer Stimme: „Nur eine neue Flasche Whisky...“

Geistlicher Beistand

Ein Geistlicher besucht einen seiner Kollegen. Dabei fällt ihm auf, dass in dessen Wohnzimmer etliche leere Whiskyflaschen herumstehen.
„So viele Leichen!“, entfährt es ihm ganz entsetzt.
„Keine Sorge“, gibt sein Kollege unbeeindruckt zurück, „ich kann dir versichern: Jede davon starb mit geistlichem Beistand!“

Was der Name der im Hintergrund erkennbaren Paps of Jura bedeutet, ist bei genauerer Betrachtung leicht zu erraten.

Anspruchslos

„Darf ich Ihnen vielleicht etwas anbieten?“, fragt die Gastgeberin ihren aus Schottland stammenden Gast: „Bier? Whisky? Wasser? Tee?“
„Och“, antwortet jener abwehrend, „machen Sie sich bloß keine Umstände: Bier und Whisky genügen vollkommen!“

Verhinderungsgrund

„Ist das eine langweilige Party! Finden Sie nicht auch? Wenn ich nur die Getränkeauswahl anschaue: weit und breit kein Whisky!“, wendet sich einer der Gäste an seinen Nebenmann.
„Da haben Sie völlig Recht: entsetzlich einfallslos!“, stimmt der Angesprochene ihm zu.

„Wollen wir uns nicht heimlich davonmachen und im Pub nebenan einen ordentlichen Whisky trinken?“, schlägt der erste vor.
„Ich kann leider nicht“, bedauert sein Gegenüber.
„Warum das denn nicht?“
„Ich bin mit der Gastgeberin verheiratet...“

Kulturschock

„Ich befürchte, dass es mit meinem Mann noch mal ein böses Ende nehmen wird“, klagt eine Frau am Telefon ihrer langjährigen Freundin: „Wenn er zu viel Whisky getrunken hat, jagt er jedem Rock hinterher“.
„Aber meine Liebe“, versucht die andere sie zu beruhigen: „Das war bei deinem Mann doch eigentlich noch nie anders.“
„Das mag ja stimmen“, erwidert die erste, „aber seit wir nach Schottland gezogen sind, kommt er damit gar nicht gut an!“

Geteiltes Leid

Ein Schotte kommt in die Arztpraxis und schildert dem Doktor seine zahlreichen Beschwerden. Der hört ihm geduldig zu und fragt ihn schließlich: „Sagen Sie mal: Trinken Sie eigentlich Whisky?“.
Schlagartig hellt sich die Leidensmiene des Patienten auf: „Gerne, Herr Doktor, aber nur, wenn Sie einen mittrinken!“

Hochprozentig

Ein Schotte bittet seinen Bekannten, der bei einer Bank arbeitet, um Rat in Sachen Geldanlage.

„Wenn ich ehrlich sein soll“, erwidert jener, „kann ich dir nur raten, deine gesamten Ersparnisse in Whisky anzulegen: Da bekommst du nämlich immer mindestens 40 Prozent!“

Berufsbedingt

Ein Schotte, der als Lastwagenfahrer arbeitet, kommt am Ende eines langen Arbeitstags in den Pub.
„Was darf's sein?, fragt ihn der Barmann.
Geistesabwesend erwidert der Gast: „Einmal auftanken, bitte.“

Angel's Share

Ein Schotte bewahrt in seinem Schreibtisch eine Flasche besonders alten und entsprechend teuren Whiskys auf, aus der er sich nur zu ganz besonderen Gelegenheiten ein Glas einzuschenken pflegt.
Eines Tages hat er den Eindruck, dass der Inhalt dieser Flasche weniger geworden ist, obwohl er in letzter Zeit gar nichts daraus getrunken hat. Sicherheitshalber entschließt er sich daraufhin, den Füllstand der Flasche mit einem Kugelschreiber auf dem Etikett zu markieren.
Seine Frau beobachtet ihn dabei und sagt schließlich betont beiläufig: „Das würde ich an deiner Stelle nicht tun. Es wäre doch jammerschade, wenn jemand diesen wunderbaren Whisky durch zu viel Wasser ruinieren würde…“

Realismus

Wenn ein Optimist ein Glas sieht, das zur Hälfte gefüllt ist, sagt er: „Es ist halb voll.“

Die 2017 eröffnete Clydeside Distillery in Glasgow bezeugt die stetig wachsende Nachfrage nach schottischem Whisky.

Wenn ein Pessimist ein Glas sieht, das zur Hälfte gefüllt ist, sagt er: „Es ist halb leer."
Wenn ein Schotte ein Glas sieht, das zur Hälfte gefüllt ist, brüllt er: „Hey, Barmann!"

Leichenschmaus

Ein betagter Schotte liegt im Sterben. Als er das Ende kommen sieht, ruft er seinen ältesten Sohn zu sich,

um ihm einige Anweisungen für sein Begräbnis zu geben.
„Mir ist wichtig“, sagt er mit schwacher Stimme, „dass du alle, die an meinem Begräbnis teilnehmen, hinterher einlädst und dafür sorgst, dass sie so viel Whisky zu trinken bekommen, wie sie möchten.“
„So soll es sein, Vater“, erwidert sein Sohn mit Tränen in den Augen.
„Und weil ich selbst zu meinem Bedauern nicht dabei sein kann“, fährt der alte Mann mit wieder etwas festerer Stimme fort, „möchte ich meinen Anteil daran schon jetzt haben. Bitte bring mir eine Flasche und ein Glas ans Bett!“

Zahlungsmittel

Nach einem opulenten Essen im nobelsten Restaurant der Stadt lässt sich ein Schotte noch einmal die Getränkekarte bringen und bestellt, nachdem er sie ausgiebig studiert hat, ein Glas des teuersten der dort aufgelisteten Whiskys sowie eine Flasche Geschirrspülmittel.
Als der Ober den Whisky bringt, fragt er vorsichtshalber noch mal nach: „Habe ich Sie recht verstanden, mein Herr, dass Ihnen außerdem noch eine Flasche Geschirrspülmittel gebracht werden soll?“
„Ich fürchte ja“, erwidert der Gast, nachdem er den Whisky in einem Zug ausgetrunken hat, „ich habe nämlich leider kein Geld dabei.“

Zukunftsaussichten

Woran erkennt man einen Menschen, von dem man in Zukunft noch viel erwarten kann? Zum Beispiel an einem mit New Make Spirit gefüllten Fass, das er sich gekauft hat!

WHISKY UND ZORN

„Trunkenheit vermehrt die Neigung eines Unverständigen bis zur Beleidigung, beeinträchtigt die Kraft und schlägt Wunden.“ (Sir 31,30)

Die bunte Vielfalt der schottischen Karomuster spiegelt auch etwas von der Rivalität und Feindseligkeit wider, die früher zwischen den einzelnen Clans herrschten.

Sturmwarnung

In einer stürmischen Nacht, lange, nachdem der einzige Pub des Ortes geschlossen hat, dreht ein Polizist seine letzte Runde. Dabei fällt ihm ein Mann auf, der mit einem Schlüssel in der Hand vor seiner Haustür steht, aber keinerlei Anstalten macht, die Tür zu öffnen.

„Na, sollten Sie nicht besser reingehen bei diesem Sturm? Ihre Frau wartet bestimmt schon auf Sie", ruft ihm der Polizist aufmunternd zu.

„Das ist es ja gerade", erwidert der Angesprochene mit schwerer Zunge. „Nachdem ich gerade aus dem

Die Scotch Whisky Experience in Edinburgh beherbergt unter anderem eine der weltweit größten Whisky-Sammlungen.

Pub komme, wo ich ein paar Whiskys getrunken habe, befürchte ich, dass der Sturm hier draußen nichts ist gegen den Sturm, der losbricht, wenn ich reingehe…“

Kleiner Unterschied

Ein Engländer und ein Schotte stehen whiskytrinkend an der Bar. Nach einer Weile wendet sich der

Engländer dem Schotten zu, grinst ihn herausfordernd an und fragt:
„Sag mal, was ist eigentlich der Unterschied zwischen einem Rock und einem Kilt?“
„Nun“, erwidert der Schotte mit einem tiefen Grollen in seiner Stimme, „die Antwort hängt ganz davon ab, wie viele deiner Zähne du behalten möchtest!“

Whisky-Wetter

Ein Steuerbeamter wird auf die Insel Islay versetzt. Als er dort ankommt, stürmt und regnet es, als ob das Ende der Welt nicht mehr lange auf sich warten ließe. Am nächsten Morgen stürmt und regnet es noch immer, am Abend ebenfalls. Auch in den nächsten Tagen stürmt und regnet es ohne jede Unterbrechung.
Am Ende der Woche – es stürmt und regnet nach wie vor – begegnet der Steuerbeamte auf dem Weg nach Hause einem kleinen Jungen und fragt ihn ärgerlich: „Ändert sich das Wetter hier eigentlich irgendwann auch mal?“
„Das weiß ich leider nicht“, erwidert der Junge höflich: „Ich bin ja gerade erst fünf geworden!“

Wahre Frömmigkeit

Ein Geistlicher ist dafür bekannt, eine besondere Vorliebe für Whisky zu hegen.
Als er wieder einmal vor seinem Haus sitzt und sich ein Glas genehmigt, nähert sich ihm eine als besonders fromm und sittenstreng bekannte Frau aus seiner Gemeinde und faucht ihn an: „Sie huldigen ja schon wieder diesem bösen Geist!“
„Ich huldige ihm nicht“, erwidert ihr der Geistliche gelassen, „ich treibe ihn aus!“

Gehhilfe

Ein Polizist beobachtet zu fortgeschrittener Stunde einen Mann, der, eine halbleere Flasche Whisky in der einen Hand, aus dem örtlichen Pub gestolpert kommt, auf sein Auto zuschwankt und mit der anderen Hand, nicht ohne Mühe, die Tür aufsperrt.
„Sie werden doch gewiss nicht mit dem Auto fahren wollen?", spricht ihn der Polizist daraufhin ebenso freundlich wie bestimmt an.
„Was soll ich denn sonst machen", faucht der Mann zurück, „Sie sehen doch, dass ich nicht mehr richtig laufen kann!?"

Geistlicher Beistand

Nachdem ein Schotte bei einem abendlichen Pubbesuch einige Whiskys mehr getrunken hat, als er zu vertragen vermochte, gerät er auf dem Nachhauseweg ins Straucheln und stürzt auf die Straße. Während er sich mäßig erfolgreich bemüht, wieder auf die Beine zu kommen, greift ihm plötzlich jemand unter die Arme und hilft ihm auf. Es ist der Ortsgeistliche, der dem Mann, als er ihn erkennt, freundlich anbietet, ihn nach Hause zu begleiten – ein Angebot, das dieser gerne annimmt.
Als sie das Haus des Mannes schließlich erreicht haben, macht der Geistliche Anstalten, sich zu verabschieden und seinerseits den Heimweg anzutreten. Doch der Mann, der sich offenbar noch nicht vollends in Sicherheit wähnt, fleht ihn förmlich an:
„Ach bitte, Hochwürden, tun Sie mir doch den Gefallen und kommen Sie einen ganz kurzen Moment mit hinein. Es wäre nicht schlecht, wenn meine Frau sehen würde, mit wem ich heute Nacht unterwegs war..."

Streitwert

Ein Schotte hatte mal wieder Streit mit seiner Frau. Noch immer wutentbrannt geht er in den Pub und kippt einen Whisky nach dem anderen hinunter. Nach einiger Zeit stöhnt er auf: „Mein Gott – was mich diese Frau schon Geld gekostet hat...!"

Redselig

Zwei Männer begegnen sich im Pub. „Hör mal", fährt der eine den anderen mit schwerer Zunge an, „ich hatte dir doch gesagt, dass du niemandem sagen sollst, was ich dir neulich gesagt habe! Dein Bruder hat mir aber eben gesagt, dass du es ihm gesagt hättest!"

„Man kann wirklich keinem mehr trauen!", beschwert sich der andere, „Ich hatte meinem Bruder nämlich gesagt, er soll dir bloß nicht sagen, dass ich ihm gesagt habe, was du mir gesagt hast."

„Jetzt schieb die Schuld mal nicht auf andere!", schimpft der erste: „Wenn's nach deinem Bruder gegangen wäre, hätte ich dir nämlich gar nicht sagen sollen, dass er mir gesagt hat, was du ihm gesagt hast, obwohl ich dir ausdrücklich gesagt hatte, dass du es niemandem sagen sollst!"

Wo der Spaß aufhört

Ein älteres schottisches Ehepaar gerät, was keineswegs zum ersten Mal der Fall ist, in Streit. Nachdem sich die beiden eine Weile gegenseitig mit Vorwürfen, Schimpfworten und Gemeinheiten bedacht haben, beginnen schließlich Teller und Tassen durch die Küche zu fliegen.

Am Ende greift die Frau in den Schrank, wo ihr Mann seine Whiskyvorräte aufbewahrt. Doch noch bevor sie die erste Flasche in seine Richtung schleudern kann, erhebt ihr Mann beschwichtigend die Arme und sagt mit sanfter Stimme: „Aber meine Liebe, wer wird denn gleich böse werden?“

Heiligsprechung

Ein Mann, der als Säufer, Raufbold und Halunke bekannt war, ist verstorben. Sein Bruder, der noch schlimmer ist, als es der Verstorbene je war, geht zum Ortsgeistlichen, der das Begräbnis halten soll, und droht ihm: „Wagen Sie es ja nicht, schlecht über meinen Bruder zu sprechen, sonst können Sie was erleben! Ich will, dass Sie in Ihrer Predigt sagen, dass mein Bruder ein Heiliger war, ist das klar?“
Ängstlich willigt der Geistliche ein.
Bis zur Begräbnisfeier hat er sich indes wieder gefasst. Festen Schrittes steigt er auf die Kanzel und sagt: „Der Verstorbene war ein Mann, wie man ihn sich schlimmer kaum vorstellen kann. Er war ein Säufer, Raufbold und Halunke! Aber im Vergleich zu seinem Bruder war er ein Heiliger!“

Zu Schaden gekommen

„Sie bestreiten also nicht“, fragt der Richter den Angeklagten, „dem Kläger mit einer Flasche Whisky so heftig auf den Kopf geschlagen zu haben, dass diese zu Bruch ging?“
„Nein, das bestreite ich nicht“, beteuert der Angeklagte. „Ich bestreite aber, es mit Absicht getan zu haben!“
„Sie wollten den Kläger also gar nicht treffen?“, fragt der Richter nach.

Damit rauchiger Whisky gebrannt werden kann, muss dem Getreide beim Mälzen gehörig eingeheizt werden.

„Das schon – aber ich wollte bestimmt nicht, dass dabei die Flasche zu Bruch geht!“

Die ganze Wahrheit

Eines Sonntags zürnt ein schottischer Geistlicher von der Kanzel herab: „Der größte Feind des Menschen ist und bleibt der Alkohol!“
Eine der Gottesdienstbesucherinnen stößt daraufhin ihrem Mann mit dem Ellenbogen in die Seite und

Revierkämpfe unter Rothirschen sind völlig normal; unter Menschen wirken sie hingegen meistens etwas peinlich.

flüstert: „Hast du gehört, was unser Geistlicher gerade gesagt hat?"
„Hab ich, ja", flüstert jener zurück: „Aber erinnere dich bitte daran, was er vor einer Woche gepredigt hat: dass wir unsere Feinde lieben sollen!"

Expertenwissen

Ein Schotte kommt zur Polizei und will eine Anzeige aufgeben, weil er auf dem Heimweg vom Pub verprügelt worden sei.
„Was können Sie mir über die Person sagen, die Sie verprügelt hat?", fragt der diensthabende Polizist.
„Es war ein Mann – und er roch stark nach Whisky!", erinnert sich das Opfer.
„Das bringt uns nicht weiter", erwidert der Polizist genervt, „da müssten Sie schon genauere Angaben machen."
„Wenn ich mich nicht irre, dürfte es sich um etwa zehnjährigen Whisky gehandelt haben, der in einer Destillerie an der Südküste von Islay gebrannt worden ist!"

Mühsam

Ein Richter fragt den Angeklagten: „Im Polizeiprotokoll steht, dass zwei Polizisten allergrößte Mühe hatten, Sie nach der Schlägerei im Pub ins Polizeirevier zu verfrachten. Waren Sie etwa betrunken?"
„Jawohl", bestätigt der Angeklagte, „alle beide!"

Fairer Kompromiss

Zwei Schotten unterhalten sich.
„Täusche ich mich", sagt der eine, „oder schimpft

deine Frau gar nicht mehr darüber, dass du so viel Whisky trinkst?"
„Nein, du täuschst Dich nicht", erklärt der andere: „Wir haben einen fairen Kompromiss gefunden."
„Und wie sieht der aus?"
„Ganz einfach: Ich trinke nicht mehr und sie schimpft nicht mehr."

Nicht so kleinlich

Ein Mann kommt in einen Pub gestürmt und ruft: „Hey, Barmann, eine Runde Whisky für alle und einen für dich!"
Jubel brandet auf, der Barmann schenkt jedem der Anwesenden einschließlich sich selbst einen Whisky ein, erhebt sein Glas auf das Wohl des Gönners und teilt ihm schließlich mit: „Das macht dann insgesamt 55 Pfund."
„Oh weh", stottert der Angesprochene, „gerade fällt mir ein: Ich habe überhaupt kein Geld dabei!"
Der Barmann ist verständlicherweise verärgert und schmeißt den Mann aus dem Pub.
Am nächsten Abend kommt derselbe Mann erneut in den Pub gestürmt und ruft: „Hey, Barmann, eine Runde Whisky für alle und einen für dich!"
Der Barmann denkt sich, dass der Mann wohl kaum noch einmal so dreist sein wird wie am Abend zuvor und hofft, bei dieser Gelegenheit vielleicht sogar die noch offene Rechnung beglichen zu bekommen.
Also gibt er sich einen Ruck, schenkt zur allgemeinen Begeisterung jedem der Anwesenden einschließlich sich selbst einen Whisky ein, erhebt sein Glas auf das Wohl des Gönners und lässt ihn wissen: „Das macht dann 70 Pfund für heute und 55 für gestern, insgesamt also 125 Pfund!"
„Oh weh", murmelt der Angesprochene, „gerade fällt mir ein: Ich bin völlig pleite!"

Der Barmann schnaubt vor Wut, jagt den Mann erneut aus dem Pub und versetzt ihm zum Abschied sogar noch einen Tritt in den Hintern.
Am nächsten Abend taucht der Mann ein drittes Mal auf und ruft: „Hey, Barmann, eine Runde für alle!"
„Und was ist mit mir?", fährt ihn der Barmann wütend an.
„Dir gebe ich bestimmt keinen mehr aus", raunzt der Mann zurück: „Schließlich wirst du immer gleich aggressiv, wenn du einen getrunken hast!"

Glück im Unglück

In einem Pub in den schottischen Highlands findet eine Tombola statt. Einer der Gäste gibt sich nach längerem Überlegen einen Ruck, kauft gleich zwei Lose und siehe da: Er gewinnt den Hauptpreis, eine Flasche Whisky!
Seine Kumpels stürmen auf ihn zu, um ihm zu gratulieren, doch er wehrt zornig ab: „Hört bloß auf damit!"
„Ja freust du dich denn gar nicht?", wundern sie sich.
„Wie sollte ich mich freuen", erwidert der unglückliche Gewinner, „ich habe schließlich zwei Lose gekauft – und das zweite war eine Niete!"

Abwechslung

Ein Mann hat das Großstadtleben satt und zieht in ein einsam gelegenes Haus in den schottischen Highlands. Drei Monate lang bekommt er keinen Menschen zu Gesicht, es sei denn, er fährt in die nächstgelegene Ortschaft, die aber mehr als 20 Kilometer von seinem Zuhause entfernt ist.
Eines Abends klopft es zu seiner Überraschung an der Haustür. Draußen steht ein bärtiger Hüne im Kilt und stellt sich als sein Nachbar vor: „Ich wohne

im nächsten Tal", sagt er, „etwa fünf Kilometer entfernt. Hätten Sie vielleicht Lust, zu meiner nächsten Party zu kommen?"

„Ja, sehr gerne", erwidert der Mann, „auf die Dauer ist es schon ein wenig einsam hier draußen – da kommt mir ein bisschen Abwechslung ganz gelegen."

„Alles klar", sagt der Besucher: „Ich muss Sie aber warnen: Meine Partys sind dafür bekannt, dass reichlich Whisky getrunken wird."

„Oh, das ist kein Problem für mich", beruhigt ihn der Mann, „da kann ich ganz gut mithalten."

„Prima", freut sich der Besucher, „doch da wäre noch etwas: Auf meinen Partys kann es passieren, dass es ein bisschen wild zugeht und zu Prügeleien kommt."

„Auch das ist kein Problem für mich – im Ernstfall hoffe ich auch dabei mithalten zu können."

Nachdem sie sich soweit einig sind, verabschieden sich die beiden voneinander. Als sich sein Besucher schon zum Gehen wendet, fragt ihn der Mann noch schnell: „Wann genau soll ich denn eigentlich zu Ihnen kommen?"

„Wann Sie wollen", antwortet jener: „Ich bin eigentlich immer zu Hause."

Wortloser Protest

Das Schottische Symphonieorchester hat einen neuen Dirigenten bekommen, einen Engländer. Schon am Ende der ersten Probe platzt dem Dirigenten der Kragen: „Die Disziplin dieses Orchesters ist katastrophal! Ich erwarte, dass Sie Ihren Whiskykonsum ab sofort drastisch einschränken und zur nächsten Probe absolut nüchtern erscheinen! Ist das klar?"

Die Musiker sind alles andere als erfreut. Zum Zeichen des Protests schlägt der Trommler sogar einmal kräftig auf die Pauke.

Whisky lässt einen normalerweise eher still und nachdenklich werden, vermag mitunter aber auch zum Zorn verleiten.

Daraufhin brüllt der Dirigent mit hochrotem Kopf: „Wer war das?“

Zusammenhalt

In einem Pub irgendwo in den schottischen Highlands kommt es nach reichlichem Whiskygenuss zu einer Schlägerei.
Ein zufällig anwesender Tourist fragt den seelenruhig zuschauenden Barmann aufgeregt: „Ja gibt’s denn in diesem gottverlassenen Nest keinen Polizisten, der hier mal für Ordnung sorgen könnte?“

„Doch, schon“, antwortet der Barmann gelassen, „aber der liegt gerade ganz unten…“

Jedem das seine

Nachdem sie den halben Tag whiskytrinkend im Pub verbracht haben, machen sich zwei Schotten spätabends auf den Weg nach Hause.
Plötzlich bleibt der eine stehen und seufzt: „Soll ich dir was sagen: Ich habe ganz fürchterliche Angst vor meiner Frau… Du doch sicher auch, oder?“
„Nein, nicht wirklich“, widerspricht ihm der andere: „Wenn ich vor jemandem Angst habe, dann vor meiner Frau!“

Schlecht verträglich

„Trinken Sie denn wirklich überhaupt keinen Whisky?“, fragt ein Schotte im Pub einen anderen.
„Nein, Whisky tut mir einfach nicht gut“, erklärt der andere: „Ich bekomme davon immer so leicht Nasenbluten.“
„Nasenbluten von Whisky?“, wundert sich der erste: „Das habe ich ja noch nie gehört!“
„Wirklich nicht?“, fragt der andere zurück: „Sind Sie denn noch nie in eine Schlägerei verwickelt worden?“

Gelöste Zunge

Auf dem Heimweg von einer Familienfeier hält eine Schottin ihrem Mann eine Standpauke: „Du hast heute wieder so einen Blödsinn geredet! Hoffentlich hat niemand gemerkt, dass du so gut wie gar keinen Whisky getrunken hattest!“

Nachwirkungen

„Tut mir leid", murmelt ein Schotte schuldbewusst, als er am Morgen in die Küche geschlichen kommt.
„Was tut dir leid?", fragt seine am Herd beschäftigte Frau ohne sich zu ihm umzudrehen.
„Na, dass ich gestern Abend so spät, ziemlich betrunken und noch dazu mit einem blauen Auge nach Hause gekommen bin."
„Ist schon gut", beruhigt ihn seine Frau, um nach einer Weile hinzuzufügen: „Übrigens hattest du noch gar kein blaues Auge, als du gestern Abend nach Hause gekommen bist..."

Theaterdonner

Ein Mann kommt spätabends aus dem Pub nach Hause. Seine Frau erwartet ihn mit grimmigem Blick im Hausflur. Er jedoch torkelt wortlos an ihr vorüber ins Wohnzimmer, rückt einen Sessel in ihre Richtung und lässt sich grinsend hineinfallen.
„Was soll denn das jetzt werden?", fährt sie ihn an.
„Na, wenn jetzt das Theater beginnt", erwidert er mit schwerer Zunge, „will ich wenigstens einen Platz in der ersten Reihe haben!"

Unangefochten

Ein Schotte kommt, alles andere als nüchtern, zu fortgeschrittener Stunde aus dem Pub nach Hause. Im Flur erwartet ihn mit wutverzerrter Miene seine Frau.
„Nicht böse sein, meine Liebe", versucht er sich, mühsam um Worte ringend, zu rechtfertigen: „Wir haben nur ein kleines Whisky-Wetttrinken veranstaltet..."

Nicht jede Stille zeugt von Harmonie und Frieden: Es kann sich genauso gut auch um die Ruhe vor dem Sturm handeln.

„Das ist mir schon klar“, giftet seine Frau zurück, „mich würde nur brennend interessieren, wer den zweiten Platz belegt hat!“

Sendungsbewusst

Es ist lange nach Mitternacht, als ein Auto in eine Polizeikontrolle gerät.
Auf die Frage der Polizisten, wohin er um diese Zeit unterwegs sei, antwortet der Fahrer mit schwerer Zunge: „Ich bin auf dem Weg zu einem Vortrag über die Gefahren des Alkohols im Allgemeinen und die des Whiskys im Besonderen.“
„Das glauben Sie ja wohl selber nicht“, hält einer der Polizisten dagegen: „Um diese Uhrzeit hält doch niemand mehr einen Vortrag!?“
„Doch!“, erwidert der Mann mit ängstlicher Miene: „Meine Frau!“

Schwere Buße

Ein Mann hat dem Whisky über längere Zeit so sehr zugesprochen, dass eine Entziehungskur unvermeidlich geworden ist. In der Klinik bekommt er außer Wasser nur Milch zu trinken.
Bei einer Kontrolluntersuchung fragt ihn der behandelnde Arzt: „Na, wie geht es Ihnen? Haben Sie inzwischen eingesehen, dass Milch gar nicht so schlimm ist, wie Sie anfangs gedacht haben?“
„Das zwar nicht“, erwidert der Patient, „aber immerhin weiß ich jetzt, warum die Babys immer so schreien...“

WHISKY UND MASSLOSIGKEIT

„Lasst uns ehrenhaft leben wie am Tag, ohne maßloses Essen und Trinken“. (Röm 13,13)

Trotz ihrer sieben Brennblasen gehört die an der Südküste der Insel Islay gelegene Laphroaig Distillery längst nicht zu den größten schottischen Destillerien.

Zeit genug

„Wenn Sie noch eine Weile weiterleben wollen“, sagt der Arzt zu seinem Patienten, „müssen Sie unbedingt mit dem Whiskytrinken aufhören.“
„Ach, dafür ist es doch längst zu spät“, jammert der Patient.
„Zum Aufhören ist es nie zu spät!“, hält der Arzt dagegen.
„Na, wenn das so ist“, freut sich der Patient, „habe ich ja noch genug Zeit!“

Ortsunkundig

Ein Geistlicher begegnet einem Mann aus seiner Gemeinde, der normalerweise eher im Pub als in der Kirche anzutreffen ist.
„Es hat mich sehr gefreut“, lobt ihn der Geistliche, „dass Sie gestern Abend im Gottesdienst waren.“
„So, so“, murmelt der Mann, „da war ich also auch...“

Zwei Doppelte

Zwei Männer stehen schweigend an der Theke eines Pubs. Nachdem jeder von ihnen schon das eine oder andere Glas Whisky geleert hat, wendet sich der eine plötzlich dem anderen zu und fragt: „Sag mal, woher kommst du eigentlich?“
„Aus Argyll“, erwidert jener.
„Wirklich? Ich auch! Darauf müssen wir unbedingt einen trinken!“, freut sich der erste und bestellt zwei doppelte Whiskys.
Während sie ihre Gläser genüsslich leeren, fragt der erste weiter: „Und wo genau aus Argyll kommst du her?“
„Aus Oban“, lautet die Antwort.
„Aus Oban? Wirklich? Ich nämlich auch!“
„Darauf müssen wir noch einen trinken!“, erwidert zur Abwechslung der zweite und gibt eine weitere Bestellung auf.
Als auch diese Gläser nahezu geleert sind, fragt der zweite weiter: „Und wo in Oban bist du aufgewachsen?“
„In der George Street“, lautet die Antwort, die, wie sollte es anders sein, den begeisterten Ausruf „Ich auch!“ zur Folge hat und selbstverständlich mit zwei weiteren doppelten Whiskys gefeiert werden muss.
Währenddessen betritt ein anderer Mann das Pub, tritt an die Bar, bestellt sich ebenfalls einen Whisky

und fragt den Barmann beiläufig: „Na, wie läuft's denn so?"
„Och, nichts Besonderes heute. Das Wetter ist durchwachsen, meine Frau hat schlechte Laune und die Zwillinge von gegenüber lassen sich wieder mal volllaufen."

Einen Versuch ist es wert

Ein Schotte, der nicht gerade als Abstinenzler bekannt ist, geht zum Arzt und klagt über mancherlei Beschwerden.
„Trinken Sie mal vierzehn Tage lang halb so viel Whisky, wie Sie gewöhnlich trinken", rät der Arzt, „dann sehen wir ja, ob's besser wird."
Erschrocken entgegnet der Mann: „Das mag schon sein, Herr Doktor, aber könnte ich nicht genauso gut vierzehn Tage lang doppelt so viel trinken, damit wir sehen, ob's schlimmer wird?"

Fahrlässig

Ein Schotte, seine Frau und ihr fünfjähriger Sohn geraten mit dem Auto in eine Verkehrskontrolle. Der Polizist fragt den am Steuer sitzenden Mann, ob er etwas getrunken hätte.
„Aber nicht doch", wehrt der Mann energisch ab, „ich versichere Ihnen: Ich bin vollkommen nüchtern!"
Der Polizist hat jedoch seine Zweifel und besteht auf einer Alkoholkontrolle. Zögernd bläst der Mann in das ihm hingehaltene Messgerät – und siehe da: Der Anzeige nach muss er so einiges getrunken haben!
Der Mann gibt sich entsetzt und beteuert dem Polizisten, dass das nicht an ihm, sondern am Gerät liegen müsse: „Hören Sie, das Gerät ist sicher kaputt!

Die Steinformationen von Callanish auf der Hebrideninsel Lewis wurden vermutlich in der Jungsteinzeit errichtet.

Lassen Sie doch zur Kontrolle mal meine Frau hineinblasen: Sie konnte alkoholischen Getränken noch nie etwas abgewinnen!“

Der Polizist lässt sich schließlich überreden und hält auch der Frau das Messgerät hin. Entschlossen bläst sie hinein – und siehe da: Der Anzeige nach hat sie sogar noch mehr getrunken als ihr Mann!

Da der Polizist aber immer noch nicht ganz überzeugt ist, schlägt ihm der Mann vor, auch noch seinen Sohn in das Gerät blasen zu lassen: „Der Junge ist ja erst fünf – und wenn das Gerät anzeigt, dass auch er Alkohol getrunken hat, dann steht ja wohl endgültig fest, dass es kaputt ist."
Also hält der Polizist das Gerät auch noch dem Jun-

gen hin, der, ohne ein Wort zu sagen, kräftig hineinbläst – und siehe da: Auch er hat der Anzeige nach etwas getrunken.
Jetzt endlich ist auch der Polizist überzeugt, dass mit dem Messgerät etwas nicht stimmen kann. Wortreich bittet er die drei um Entschuldigung, wünscht ihnen eine gute Fahrt und winkt ihnen, als sie losfahren, sogar noch hinterher.
Schweigend sitzen die drei in ihrem Auto, bis der Mann nach einer ganzen Weile zu seiner Frau sagt: „Siehst du, meine Liebe, ich habe es dir gleich gesagt: Es hätte Schlimmeres passieren können, als dass der Kleine vorhin meinen Whisky ausgetrunken hat!"

Horrorvorstellung

Am Morgen nach einem ausgedehnten Pubbesuch sagt ein Mann zu seinem Kumpel: „Du, ich habe gestern wirklich zu viel Whisky getrunken. So etwas wie heute Nacht möchte ich nicht noch einmal erleben!"
„Ist dir vielleicht schlecht geworden?", fragt sein Kumpel mitleidig.
„Das nicht", erwidert der erste, „aber als ich nach Hause gekommen bin, habe ich meine Frau doppelt gesehen!"

Das rechte Maß

Ein Schotte betritt, offenbar nicht mehr ganz nüchtern, ein Stoffgeschäft, über dessen Ladentisch zu lesen steht: „Wir verkaufen ausschließlich Meterware!"
Nachdem er das Schild eine Weile stirnrunzelnd betrachtet hat, gibt er schließlich seine Bestellung auf: „Ich hätte gerne einen Meter Whisky!"

Der Verkäufer denkt einen Moment lang nach, holt dann unter dem Ladentisch eine Flasche Whisky hervor, befeuchtet sich mit deren Inhalt einen Finger und malt damit, ohne eine Miene zu verziehen, einen Strich auf den Ladentisch: „Bitte sehr! Haben Sie sonst noch einen Wunsch?"
„Oh ja!", erwidert sein Kunde grinsend: „Bitte einpacken!"

Orientierungslos

Zwei Schotten kommen am späten Abend – vielleicht ist es auch schon früher Morgen – aus dem Pub getorkelt.
„Sag mal", fragt der eine den anderen, „ist das da oben der Mond oder die Sonne?"
„Das kann ich dir leider nicht sagen", erwidert der Befragte, nachdem er einige Zeit zum Himmel geblickt hat: „Ich kenne mich in dieser Gegend selbst nicht so gut aus."

Guter Rat ist teuer

Eines Tages, als es noch keine Krankenversicherung gab, kam ein Schotte zum Arzt und klagte über allerlei Wehwehchen. Der Arzt hörte ihm geduldig zu, dachte einen Moment lang nach und sagte dann: „Wenn Sie von Ihren Leiden befreit werden wollen, gibt es nur eine Möglichkeit: Sie müssen Ihren Whiskykonsum deutlich einschränken!"
Der Patient schaute den Arzt daraufhin entsetzt an, sprang auf und verließ grußlos die Praxis. Der Arzt lief ihm hinterher und rief: „Verzeihen Sie bitte, Sie haben für meinen Rat ja noch gar nicht bezahlt!"
„Das werde ich auch nicht tun", fauchte der Patient zurück, „denn ich nehme ihn ja nicht an!"

Unternehmungslust

Ein Mann sagt zu seiner Frau: „Sag mal, Liebling, wollen wir heute Abend nicht mal wieder ausgehen und so richtig einen draufmachen?“
„Gerne“, antwortet seine Frau, „aber falls du vor mir nach Hause kommst, lass bitte das Licht im Flur an.“

Besondere Vorsicht

Mitten in der Nacht gerät ein Auto in eine Polizeikontrolle und wird angehalten. Die Polizisten beruhigen den sichtlich nervösen Fahrer: „Keine Sorge, das ist eine reine Routinekontrolle; Sie sind weder zu schnell gefahren noch haben Sie sonst eine Verkehrsregel missachtet.“
Im selben Moment säuselt eine Stimme vom Beifahrersitz die Polizisten an: „Das hätte mich aber auch sehr gewundert – mein Mann fährt nämlich immer besonders vorsichtig, wenn er zu viel getrunken hat!“

Eigentor

Ein Schotte ärgert sich ständig über seine Frau, die einfach nicht mit Geld umgehen kann. Irgendwann ist er mit seiner Geduld am Ende und hält ihr einen energischen Vortrag über die Bedeutung von Sparsamkeit und Mäßigung.
Am nächsten Tag begegnet er einem Freund, dem er schon öfters sein Leid geklagt hatte.
„Na, wie geht’s mit Deiner Frau?“, fragt dieser: „Hat sie endlich begriffen, was Sparsamkeit und Mäßigung bedeuten?“
„Ja“, erwidert der andere kleinlaut: „Mit dem Whisky war’s das jetzt wohl...“

Die Malzmühlen von Porteus sind derart solide und langlebig, dass das Unternehmen schließlich pleite gegangen ist.

Zitterpartie

Ein Schotte geht zum Arzt und klagt, dass seine Hände so zittern.
„Trinken Sie vielleicht zu viel Whisky?", fragt ihn der Arzt stirnrunzelnd.
„Bestimmt nicht!", beteuert der Mann: „Das meiste davon verschütte ich ja!"

Mehrfach bestätigt

Ein Schotte geht zum Arzt und klagt über eine ganze Reihe von Beschwerden.
Nach verschiedenen Untersuchungen mahnt der Arzt den Patienten: „Wenn ich mich nicht irre, gehen Ihre Beschwerden allesamt auf eine einzige Ursache zurück. Damit es Ihnen bald wieder besser geht, verordne ich Ihnen keine Medikamente, sondern eine drastische Reduzierung ihres Whiskykonsums! Ein Glas pro Tag erlaube ich Ihnen – mehr nicht!"
Einige Wochen später kehrt der Patient zurück. Es geht ihm aber nicht besser, sondern schlechter.
Verwundert fragt ihn der Arzt: „Haben Sie sich denn nicht an meine Verordnung gehalten?"
„Doch, doch", beteuert der Mann, „das habe ich – zumal mir alle anderen Ärzte, die ich sicherheitshalber aufgesucht habe, genau dasselbe verordnet haben wie Sie!"

Trunksüchtig

Nachdem sie den halben Tag whiskytrinkend im Pub verbracht haben, beschließen zwei Freunde, noch ins Schwimmbad zu gehen.
Dort angekommen dauert es aber nicht lange, bis der eine zum anderen sagt: „Trink aus, ich will heimgehen!"

Mückenschutzmittel

Ein Engländer hat seinen Sommerurlaub auf einem Campingplatz in Schottland verbracht.
Nachdem er wieder zu Hause ist, fragt ihn ein Freund: „Na, wie war es denn so da oben? Haben dich die Stechmücken arg geplagt?"
„Das war längst nicht so schlimm, wie ich befürchtet

hatte", antwortet der Befragte: „In der ersten Nachthälfte war ich immer so betrunken, dass ich die Stiche nicht bemerkt habe, und in der zweiten Nachthälfte waren die Mücken so betrunken, dass sie nicht mehr stechen konnten."

Erhebliche Schwankungen

Auf seiner letzten Runde durch den Ort wird ein Polizist auf einen Mann aufmerksam, der, eine halbleere Flasche Whisky unter dem Arm, schwankend vor der Eingangstür seines Hauses steht und sich mit dem Schlüsselbund abmüht.
„Kann ich Ihnen mit Ihren Schlüsseln vielleicht behilflich sein?", bietet sich der Polizist freundlich an.
„Recht herzlichen Dank", erwidert der Mann, mühsam nach Worten suchend, „mit den Schlüsseln komme ich schon zurecht. Aber vielleicht könnten Sie mal kurz das Haus festhalten."

Seelentröster

„Meinst du nicht, dass du in letzter Zeit etwas zu viel Whisky trinkst?", mahnt ein Schotte seinen Freund.
„Kann schon sein", erwidert dieser: „Ich versuche halt, meinen Kummer zu ertränken."
„Und? Ist dir das vielleicht gelungen?"
„Nein, bis jetzt noch nicht. Ich befürchte fast, das Biest kann schwimmen...!"

Höchstdosis

Ein Schotte kommt zum Arzt und klagt über länger anhaltende Beschwerden.
Nachdem er ihn eingehend untersucht hat, fragt der

Insbesondere dann, wenn eine Dampflokomotive darüberfährt, bietet Glenfinnan Viaduct einen zauberhaften Anblick.

Arzt den Patienten: „Was haben Sie denn bisher gegen Ihre Beschwerden unternommen?“
„Das Übliche – ich habe Whisky getrunken“, erwidert jener.

„Und das ist alles?“, fragt der Arzt erstaunt.
„Ja – aber mehr als zwei Flaschen pro Tag habe ich nun mal beim besten Willen nicht runtergebracht.“

Trocken trinken

Ein Mann kommt in einen Pub gestolpert, schwankt an die Bar und bestellt ein Bier sowie einen doppelten Whisky. Der Barmann zapft ihm nach kurzem Überlegen das gewünschte Bier und stellt es vor ihn hin.
„Und was ist mit meinem Whisky?“, fragt der Gast mit schwerer Stimme.
„Wenn mich mein Eindruck nicht täuscht“, erklärt ihm der Wirt besonnen, „haben Sie heute schon mehr als genug getrunken. Whisky gibt’s keinen mehr!“
„Was?“, braust der Gast auf: „Soll ich mein Bier vielleicht trocken trinken?“

Dicht oder nicht

Ein schottischer Barbier ist dafür bekannt, dem Whisky mitunter etwas mehr zuzusprechen, als ihm gut tut.
Nachdem er einen Kunden mit zittriger Hand rasiert hat, fragt dieser höflich: „Entschuldigen Sie, könnte ich vielleicht einen Schluck Whisky bekommen?“
„Ist Ihnen etwa nicht gut, mein Herr?“, fragt der Barbier besorgt zurück.
„Bis jetzt schon“, beruhigt ihn der Mann, „aber bevor ich für Ihre Dienste bezahle, würde ich doch ganz gern testen, ob mein Hals noch dicht ist!“

Auch und insbesondere beim Whisky ist nicht die Menge der Maßstab des Genusses, sondern die Mäßigung.

Nur Gerede

Zwei Schotten treffen sich im Pub.
„Mann, warst du gestern Abend betrunken!“, erinnert sich der eine von ihnen.
„Wer? Ich? Ganz sicher nicht!“, beteuert der andere.
„Aber du hast das doch selbst immer wieder gesagt!“, wendet der erste ein.
„Och“, widerspricht der andere, „was redet man nicht alles, wenn man betrunken ist…“

Irrtum

„Das ist jetzt schon dein fünfter Whisky“, mahnt ein Schotte seinen Freund: „Hattest du nicht gesagt, dein

Arzt hätte dir nur einen pro Tag erlaubt?"
„Gut, dass du mich darauf aufmerksam machst", bestätigt der andere: „Da muss ich mich doch glatt verzählt haben!"

Nachholbedarf

„Nachdem es Ihnen offensichtlich wieder besser geht", sagt der Arzt zu seinem Patienten, „müssen Sie nicht länger ganz auf Alkohol verzichten. Ein Glas Whisky pro Tag dürfen Sie schon trinken – das hätte ich Ihnen eigentlich schon vor zwei Wochen sagen wollen."
„Och", erwidert der Patient, „das ist überhaupt kein Problem: Das hole ich leicht wieder auf!"

Elementares Bedürfnis

Ein schottischer Schüler wird von seinem Lehrer aufgefordert, die vier klassischen Elemente aufzuzählen.
Der Junge überlegt kurz und sagt dann: „Feuer, Wasser, Luft und Whisky!"
„Wie kommst du denn auf Whisky?", wundert sich der Lehrer.
„Ganz einfach: immer dann, wenn sich mein Papa einen Whisky einschenkt, sagt Mama: ‚Na, bist du wieder in deinem Element?'"

Abwehrmittel

„Damit das ganz klar ist", droht die Mutter ihrer Tochter: „Falls dein Mann das nächste Mal, wenn ich euch besuchen komme, wieder angetrunken ist, mache ich auf der Stelle kehrt und komme nie wieder!"

Ein steinernes Relief in der ehemaligen Abteikirche von Paisely zeigt den heiligen Mirin in spiritueller Entrückung.

„Um Himmels Willen!“, beschwört die Tochter daraufhin ihre Mutter: „Sag das bloß nicht so laut – wenn er das hört, wird er bis dahin mit dem Trinken überhaupt nicht mehr aufhören!“

Arbeitseifer

„Na, wie gefällt deinem Mann sein neuer Job in der Whisky-Destillerie?“, fragt eine Schottin ihre Nachbarin.
„Das weiß ich nicht“, erwidert diese: „Seit er vor einer Woche dort angefangen hat, ist er noch nicht wieder nach Hause gekommen.“

Gegenmaßnahme

Ein Schotte sitzt schon den ganzen Abend im Pub und trinkt einen Whisky nach dem anderen.
Als er einen weiteren bestellt, schlägt ihm der Barmann vor: „Wie wär’s zwischendurch mal mit einem Kaffee?“

„Bloß nicht", protestiert sein Gast, „das würde mich ja um Stunden zurückwerfen!"

Der Inhalt zählt

„Wie viel Whisky trinkst du eigentlich so am Tag?", fragt ein Schotte seinen Kumpel.
„Och", überlegt dieser, „das kann schon mal eine ganze Flasche sein..."
„Wirklich?", wundert sich der Fragesteller: „Ich könnte nicht mal so viel Wasser trinken!"
„Das könnte ich allerdings auch nicht."

Anhänglich

Ein junger Schotte sitzt mit ernster Miene schweigend im Pub und trinkt einen Whisky nach dem anderen.
Einer seiner Kumpels beobachtet ihn eine Weile mit wachsender Sorge und spricht ihn schließlich an: „Sag mal, was ist los mit dir? Stimmt etwas nicht? Du hast doch gerade erst geheiratet – und noch dazu eine so hübsche und kluge Frau!?"
„Das ist es ja gerade", erwidert der Befragte: „Meine Frau hat mir vorhin gedroht, dass sie mich verlassen wird, wenn ich weiterhin in den Pub gehe und die Finger nicht vom Whisky lasse. Da ist mir schlagartig klargeworden, wie sehr ich sie vermissen werde..."

Überfällig

Drei Schotten verbringen den Abend im Pub. Nachdem sie schon so einige Whiskys miteinander ge-

trunken haben, kippt plötzlich einer von ihnen vom Stuhl.
Die beiden am Tisch Verbliebenen schauen einander kurz an, bevor der eine zum anderen sagt: „Eines muss man ihm lassen: Er weiß immer genau, wann es Zeit ist aufzuhören."

Beste Gesellschaft

Ein Mann gerät mitten in der Nacht in eine Polizeikontrolle, und wie sich sehr bald herausstellt, hat er um einiges zu viel getrunken.
Auf die Frage eines der Polizisten, ob dem tatsächlich so sei, antwortet der Mann ohne die geringsten Gewissensbisse: „Na und? George Bernard Shaw, Winston Churchill und George Orwell haben auch reichlich Whisky getrunken!"
Überstürzt greift der Polizist daraufhin zu seinem Funkgerät und brüllt hinein: „Achtung, an alle: Die Gegend sofort großräumig abriegeln – es sind noch mehr Betrunkene unterwegs!"

Schweigen ist Gold

Im Pub beklagt sich einer der Stammgäste bei einem anderen: „Immer, wenn ich zu viel Whisky getrunken habe, spricht meine Frau drei Tage lang kein Wort mit mir."
„Und wie oft kommt das vor, dass du so viel trinkst?"
„Na, alle drei Tage!"

Außer Dienst

Ein allem Anschein nach nicht mehr ganz nüchterner Mann wankt am späten Abend über einen Park-

Nur der Mittellauf der letzten Destillation wird als New Make Spirit in Fässer gefüllt, um zu Whisky heranzureifen.

platz, geht von Auto zu Auto und tastet bei jedem das Dach ab.
„Was machen Sie denn da?“, fragt ihn ein zufällig vorbeikommender Passant.
„Ich suche mein Auto“, erklärt ihm der Betrunkene.
„Aber warum tasten sie alle Autodächer ab?“, fragt der andere weiter.
„Wie gesagt: Ich suche mein Auto“, erwidert der Betrunkene: „Es hat auf dem Dach so eine große, blaue Lampe...“

Islay ist die drittgrößte Insel der Inneren Hebriden und zugleich die zweitkleinste der schottischen Whiskyregionen.

Kleiner Unterschied

Worin besteht in Schottland der Unterschied zwischen einer Hochzeit und einem Begräbnis? Am Ende einer Begräbnisfeier gibt es einen Betrunkenen weniger als bei einer Hochzeit.

Farbenlehre

Ein Schotte kommt zum Arzt und klagt über seine auffällig rote Nase.
„Wenn Ihre Nase von Natur aus rot ist“, erklärt ihm

der Doktor, „kann man leider nichts dagegen machen. Kommt die Rötung hingegen vom übermäßigen Whiskykonsum, brauchen sie nur weiterhin so viel zu trinken wie bisher: Dann ist Ihre Nase nämlich bald nicht mehr rot, sondern violett!“

Absturzgefahr

Was haben ein Computer und ein Whiskyliebhaber gemeinsam? Bei beiden muss man aufpassen, dass sie nicht abstürzen!

WHISKY UND MISSGUNST

„Handelt ihr nicht sehr menschlich, wenn Eifersucht und Streit unter euch herrschen?“ (1 Kor 3,3)

Weil die Engländer ihnen nicht nur die Freiheit, sondern auch den Genuss missgönnten, haben die Schotten ihren Whisky über Jahrhunderte hinweg illegal gebrannt.

Irrwege

Ein Schotte steigt in den Bus, wo er neben einer älteren Frau Platz nimmt, eine Flasche Whisky aus der Tasche zieht und sich einen kräftigen Schluck genehmigt.
Die Frau mustert ihn daraufhin mit eisigem Blick und zischt: „Wissen Sie eigentlich, dass Sie sich auf dem Weg zur Hölle befinden?“
„So ein Mist!“, entfährt es dem Mann, „da hab’ ich doch glatt den falschen Bus erwischt!“

Gähnende Leere

Zwei Schotten fahren gemeinsam in den Urlaub und teilen sich ein Zimmer. Am Abend kaufen sie sich eine Flasche Whisky, leeren sie zur Hälfte und verstauen sie anschließend im Schrank.
Mitten in der Nacht wacht der eine durch leises Gepolter auf und sieht, wie sich sein Freund am Schrank zu schaffen macht.
„Was suchst du?", fragt er ihn misstrauisch.
„Nichts", erwidert der andere.
„Wenn du nichts suchst, wirst du das in der Flasche finden", murmelt daraufhin der erste, dreht sich gähnend zur Seite und schläft zufrieden weiter.

Selbstjustiz

Ein Franzose, ein Engländer und ein Schotte haben gerade eine Runde Whisky bestellt, als in jedem ihrer Gläser eine Fliege landet.
Der Franzose schiebt das Glas angewidert beiseite und bestellt sich ein neues.
Der Engländer verzieht kurz das Gesicht und fischt dann die Fliege mithilfe einer Serviette aus dem Glas.
Der Schotte hingegen greift in das Glas hinein, packt die Fliege vorsichtig an den Flügeln, hebt sie heraus und schreit sie an: „Spuck sofort alles aus, du diebisches Miststück!"

Nur kein Neid

Während einer Zugfahrt zieht ein Schotte verstohlen eine Flasche Whisky aus seiner Tasche und genehmigt sich einen ordentlichen Schluck. Sein Gegenüber, ein überzeugter Abstinenzler, schaut ihm dabei

mit ernstem Blick zu, atmet tief durch und bekundet dann in strengem Tonfall: „Von diesem Zeug habe ich in meinem Leben noch keinen einzigen Tropfen getrunken!“
Der Angesprochene packt seine Flasche daraufhin eilig wieder weg und erwidert schroff: „Wenn das so ist, dann müssen Sie damit ja nicht ausgerechnet heute anfangen!“

Auf Nummer sicher

Zu einer Zeit, als legal gebrannter Whisky noch ebenso rar wie teuer war, zeigte einmal ein Schotte seinem Freund eine Flasche, die er äußerst billig von einem durchreisenden Händler erstanden hatte.
„So ein Zeug würde ich lieber nicht trinken“, warnt ihn sein Freund. „Wer weiß, wer das gebrannt hat. Am Ende ist da noch Methylalkohol drin – und wenn du den trinkst, kannst du blind werden!“
„Nur keine Sorge“, beruhigt ihn der erste, „den will ich ja gar nicht selber trinken, sondern meinem Onkel verkaufen – und das ist völlig ungefährlich: Der ist nämlich von Geburt an blind.“

Angemessenes Verhalten

Ein Schotte kommt regelmäßig in den örtlichen Pub, wo er sich stundenlang aufhält und fernsieht, aber nie etwas bestellt.
Eines Tages spricht ihn der Besitzer des Pubs gereizt an: „So lange, wie Sie jetzt schon hier sind, müsste man eigentlich meinen, dass Sie schon so manches Glas Whisky getrunken hätten.“
„Wenn Ihnen damit gedient ist“, erwidert der Mann verständnisvoll, „werde ich beim Hinausgehen gerne ein wenig torkeln.“

Kurzbesuch

Ein Schotte öffnet, nachdem es geklingelt hat, die Haustür – und davor steht seine Schwiegermutter.
„Oh, was für eine Überraschung“, brummt er, nachdem sich der erste Schreck gelegt hat: „Wir haben uns ja schon ewig nicht gesehen. Wie lange hast du vor zu bleiben?“
„Och“, antwortet die Schwiegermutter verschämt, „natürlich bleibe ich nur so lange, wie ich Dir willkommen bin.“
„Wie schade“, erwidert der Mann sichtlich erleichtert: „Wenn du schon mal da bist, hättest du ja wenigstens auf einen Schluck Whisky reinkommen können.“

Handreichungen

Ein Mann hat sich bei einem Unfall beide Hände verletzt. Nach seiner Entlassung aus dem Krankenhaus geht er, die Hände nach wie vor dick verbunden, schnurstracks in den nächsten Pub und bestellt sich einen Whisky.
Nachdem der Barmann ihm das Glas hingestellt hat, sagt der Mann: „Entschuldigen Sie, Sie sehen ja, was mit meinen Händen ist. Wären Sie wohl so freundlich, sich das Geld dafür selbst aus meiner Jackentasche zu holen?“
Bereitwillig tut der Barmann, worum er gebeten wurde. Dann sagt der Mann: „Ich hätte noch eine Bitte, Sie sehen ja, was mit meinen Händen ist: Würden Sie mir wohl das Glas an die Lippen führen, so dass ich daraus trinken kann?“
Erneut ist der Barmann ohne zu zögern bereit, der Bitte des Mannes nachzukommen.
Nach einer Weile sagt der Mann: „Eines noch: Wo finde ich bei Ihnen die Toilette?“

Man sollte den Schotten ihre Landschaft nicht missgönnen, denn etwas davon findet sich in jedem Whisky wieder.

Der Barmann erstarrt für einen kurzen Moment, fasst sich dann aber wieder und erklärt dem Mann, vielleicht eine Spur weniger freundlich als zuvor: „Wenn Sie aus dem Pub hinausgehen, nach rechts abbiegen und dann ungefähr fünf Kilometer die Straße hinunter..."

Edinburgh Castle wurde im Lauf seiner bewegten Geschichte mehrfach belagert, erobert, zerstört und wiederaufgebaut.

Fehlverhalten

In einer schottischen Kleinstadt erblickt eine nicht mehr ganz junge, aber umso sittenstrengere Frau einen Jugendlichen, der aus einer Whiskyflasche trinkt.
„Was würde wohl dein Vater dazu sagen", spricht sie ihn mit erhobenem Zeigefinger an, „wenn er wüsste, dass du, noch dazu auf offener Straße, Whisky trinkst?"
„Was würde wohl Ihr Mann dazu sagen", erwidert der Bursche keck, „wenn er wüsste, dass Sie, noch

dazu auf offener Straße, fremde Männer anquatschen?"

Parteiisch

Zwei Abgeordnete des schottischen Parlaments gehen nach einer Sitzung gemeinsam auf einen Whisky in den Pub; beide gehören unterschiedlichen Parteien an.
„Habe ich Ihnen schon erzählt", fragte der eine den anderen, „was ich für eine tolle Methode habe, um

Jedes Schaf weiß: Wenn man zusammenhält und einander nichts missgönnt, profitiert man letztlich selbst davon.

für meine Partei zu werben? Immer, wenn ich irgendwo in einen Pub gehe und mir einen Whisky bestelle, gebe ich dem Barmann ein besonders großzügiges Trinkgeld und bitte ihn, bei der nächsten Wahl meine Partei zu wählen!"
„Och", erwidert der andere, „da habe ich eine viel bessere Methode: Wenn ich irgendwo in einen Pub gehe und mir einen Whisky bestelle, gebe ich dem Barmann kein Trinkgeld und bitte ihn ebenfalls, bei der nächsten Wahl Ihre Partei zu wählen!"

Der schönste Tag im Leben

„Alles, was dich interessiert, ist Whisky", hält eine Frau ihrem Mann vor: „Du gibst unser ganzes Geld für irgendwelche besonderen Abfüllungen aus,

fragst aber nie, ob ich vielleicht auch einmal einen Wunsch hätte. Jedes Jahr fährst du mit deinen Kumpels nach Schottland, aber mit mir unternimmst du nie etwas. Stundenlang beschäftigst du dich mit deiner Whiskysammlung, aber wenn ich mal mit dir kuscheln will, hast du keine Zeit. Du weißt wahrscheinlich nicht einmal mehr, wann wir geheiratet haben!"
„Da irrst du dich aber, Liebling", antwortet ihr der Mann versöhnlich: „Ich erinnere mich sogar sehr genau an den Tag unserer Hochzeit: Das war nämlich der Tag, an dem ich zum ersten Mal in meinem Leben einen schottischen Single Malt Whisky getrunken habe!"

Geschäftsbeziehung

„Ja gibt's denn sowas!", empört sich eine Frau beim Lesen der Zeitung gegenüber ihrem Verlobten: „Da bietet doch tatsächlich jemand seine Freundin zum Tausch für eine Flasche von diesem neuen Whisky an, hinter dem du auch so her bist! Nicht wahr, Schatz, das würdest du doch nie tun?!"
„Nur keine Sorge, mein Liebling", beruhigt sie ihr Mann: „Ich habe schon vor ein paar Tagen eine Flasche davon ergattern können!"

Vertrauensfrage

„Hast du nicht neulich erst zu mir gesagt, du hättest volles Vertrauen zu mir?", fragt ein gerade volljährig gewordener Schotte seinen Vater.
„Aber gewiss, mein, Sohn", beteuert jener.
„Und warum schließt du dann immer noch deine Whiskyflaschen ein?"

Melrose Abbey gehörte einst nicht nur zu den größten, sondern auch zu den prächtigsten Klöstern in Schottland.

Eines Sinnes

Zwei Schotten streiten sich um die beiden ungleich gefüllten Whiskygläser, die ihnen der Barmann soeben gereicht hat.
Ein dritter Mann beobachtet das Geschehen und fährt die beiden schließlich an: „Nun werdet euch halt endlich mal einig!"
„Das sind wir uns doch längst", blafft einer der bei-

den Streitenden zurück: „Mein Kumpel will unbedingt das vollere Glas – und ich auch!“

Flüssiger Sonnenschein

„Früher hast du immer gesagt, ich wäre deine Sonne“, beschwert sich eine Frau bei ihrem Mann, „aber seit einiger Zeit habe ich den Eindruck, dass du lieber in den Pub gehst als mal ein wenig Zeit mit mir zu verbringen.“
„Aber versteh doch, meine Liebe“, versucht sie ihr Mann zu beschwichtigen: „Wenn man zu lange in der Sonne ist, bekommt man nun mal Durst!“

Austauschbar

Ein Schotte, der zum ersten Mal in seinem Leben ein paar Tage in der Großstadt verbringt, sucht den zweiten Abend in Folge einen Pub auf.
„Was darf's heute sein?“, fragt der Barmann, der ihn gleich wiedererkannt hat.
„Wenn das, was Sie mir gestern eingeschenkt haben, Whisky war“, antwortet sein grimmig dreinschauender Gast, „hätte ich heute gern einen Gin. Sollte das gestern allerdings Gin gewesen sein, nehme ich heute lieber einen Whisky.“

Aufgeschoben

Zwei Schotten stehen an der Bar eines Pubs.
„Man muss hier immer ewig warten, bis man bedient wird“, erklärt der eine von ihnen, ein Stammgast, dem anderen, der allem Anschein nach zum ersten Mal da ist, „aber das ist gar nicht weiter schlimm.“

Die zu den Inneren Hebriden zählende Insel Islay ist nicht zuletzt für ihre stark rauchigen Whiskys bekannt.

„Warum das denn nicht?", wundert sich der Fremde. „Ganz einfach", erklärt ihm der Stammgast: „Der Whisky, den man hier bekommt, schmeckt grauenhaft!"

Erfahrungsgemäß

Die einzige Kuh eines schottischen Kleinbauern ist erkrankt. In seiner Not geht er zu seinem Nachbarn, erklärt ihm den Fall und bittet um Rat: „Du hast doch neulich im Pub erzählt, dass eine deiner Kühe krank

geworden sei. Kannst du mir sagen, was du dagegen unternommen hast?"
„Klar kann ich das", erwidert der Nachbar: „Ich habe ihr eine Flasche Whisky zu trinken gegeben."
„Das ist eine großartige Idee!", freut sich der erste: „Das werde ich gleich mal ausprobieren!"
Ein paar Tage später sucht derselbe Schotte erneut seinen Nachbarn auf und berichtet verzweifelt, dass seine Kuh kurze Zeit, nachdem er ihr, dem nachbarlichen Rat folgend, eine Flasche Whisky eingeflößt hätte, verstorben sei.
„Das tut mir zwar leid", sagt der Nachbar grinsend,

Smailholm Tower gehört zu den am besten erhaltenen Burgen in den schottischen Borders, dem Grenzgebiet zu England.

„wundert mich aber nicht: Bei meiner war's nämlich genauso..."

Ende der Schonfrist

Ein Mann sitzt im Pub und rauft sich, sichtlich verzweifelt, die Haare.
Der Barmann spricht ihn an: „Was ist denn los mit dir? Ist etwas Schlimmes passiert?"
„Ach, meine Frau hat mir neulich angedroht, dass sie eine Woche lang nicht mit mir reden würde, wenn ich wieder mal zu viel Whisky getrunken hätte!"
„Aber du hast doch heute gerade mal ein oder zwei Gläser getrunken?", wendet der Barmann ein.
„Das ist es ja gerade", jammert der Mann: „Für mehr reicht mein Geld nicht – und das letzte Mal, dass es für mehr gereicht hat, liegt inzwischen schon fast eine Woche zurück..."

Steigerung

Eine Frau hält ihrem Mann vor: „Erst hast du Whisky mit Wasser getrunken, dann hast du Wasser zum Whisky getrunken, später hast du Whisky ohne Wasser getrunken und jetzt trinkst du Whisky wie Wasser!"

WHISKY UND TRÄGHEIT

„Säufer und Schlemmer werden arm,
Schläfrigkeit kleidet in Lumpen.“
(Spr 23,21)

Trägheit als Sünde und Laster ist nicht zu verwechseln mit einem Lebensstil, in dem Ruhe, Entspannung und Genuss ihren ebenso berechtigten wie festen Platz haben.

Wunschlos glücklich

Ein junger Schotte sitzt mitten am Tag in einem Pub und trinkt Whisky.
Ein amerikanischer Tourist beobachtet ihn eine Weile, setzt sich zu ihm, schlägt ihm mit der Hand auf die Schulter und dröhnt: „Was sitzt du hier am helllichten Tag herum und trinkst Whisky? Du könntest in die Vereinigten Staaten auswandern, dir eine Arbeit suchen und richtig viel Geld verdienen!"
„Und warum sollte ich das tun?", fragt der junge Schotte gelangweilt zurück.
„Du könntest dir ein großes Haus bauen, ein schnel-

les Auto kaufen und eine hübsche Frau suchen!“
„Und dann?“, fragt der Bursche weiter.
„Dann könntest du irgendwann zu arbeiten aufhören, nach Schottland zurückkehren und dich zur Ruhe setzen!“
„Und dann?“
„Na, dann könntest du, wann immer du Lust dazu hast, im Pub sitzen und Whisky trinken!“

Masse statt Klasse

Ein Mann steht vor Gericht. Gerade wurde er überführt, mehrere Kisten Whisky gestohlen zu haben.
„Was haben Sie denn mit dem ganzen Zeug gemacht?“, fragt ihn der Richter.
„Verkauft“, antwortet der Mann wortkarg.
„Und was haben Sie mit dem vielen Geld gemacht?“, fragt der Richter weiter.
„Versoffen“, lautet die Antwort.

Verhinderungsgrund

An einem Sonntagmorgen sitzen zwei Schotten in einem Pub und trinken Whisky. Außer ihnen sind kaum Gäste da und es ist dementsprechend still. Da beginnen die Glocken der nicht weit entfernten Kirche zu läuten.
„Hörst du das?“, fragt der eine.
„Ja, und?“, brummt der andere.
„Sollten wir nicht auch mal wieder in die Kirche gehen anstatt hier zu sitzen und Whisky zu trinken?“, sinniert der erste weiter.
„Schon“, stimmt ihm der zweite zu, „aber gerade heute kann ich leider nirgendwohin gehen.“
„Warum das denn nicht?“
„Na, weil meine Frau krank im Bett liegt!“

Schuldfrage

Ein Richter ermahnt einen bereits mehrfach verurteilten Angeklagten: „Der Whisky, allein der Whisky ist schuld an Ihrer Lage!“
„Vielen Dank für Ihr Verständnis“, erwidert der Angeklagte, „Sie sind der erste Richter, der nicht mir die Schuld daran gibt.“

Alterserscheinungen

Eine Journalistin kommt auf der Suche nach einer originellen Story in ein abgelegenes Dorf in den schottischen Highlands. Dort fällt ihr ein Mann mit runzligem Gesicht und schütteren, weißen Haaren auf, der, eine Flasche Whisky neben sich, vor seinem Häuschen in der Sonne sitzt und zufrieden lächelt.
Sie ist derart angetan von seiner Erscheinung, dass sie ihn anspricht und fragt: „Verzeihen Sie, mein Herr: Würden Sie mir Ihr Geheimnis für ein langes und zufriedenes Leben verraten?“
„Aber gewiss“, erwidert der Mann: „Solange ich zurückdenken kann, trinke ich jeden Tag eine Flasche Whisky!“
„Habe ich Sie recht verstanden“, wundert sich die Journalistin: „eine ganze Flasche Whisky und das jeden Tag?“
„Ja, Sie haben mich richtig verstanden“, bestätigt ihr der Mann.
Die Journalistin notiert sich, was er gesagt hat, und fügt dann hinzu: „Eine Frage hätte ich noch: Wie alt sind Sie denn genau?“
Der Mann lächelt sie freundlich an und sagt: „Fünfundzwanzig.“

In vielen Gegenden Schottlands leben die Menschen nach wie vor im Einklang mit der Natur und ihren Abläufen.

Großzügige Spende

Es klingelt an der Haustür. Draußen steht ein Mann, der sich als Mitarbeiter einer Wohltätigkeitsorganisation vorstellt.
„Ich sammle für das neue Heim zur Unterstützung von Menschen mit Alkoholproblemen“, erklärt er sein Anliegen.
„Bitte haben Sie einen Moment Geduld“, erwidert ihm die Frau an der Tür, „mein Mann muss sich nur schnell eine Jacke überziehen.“

Empfehlung des Hauses

Eine Frau aus der Großstadt macht Urlaub in den schottischen Highlands. Am Abend nimmt sie an der Bar des schon etwas heruntergekommenen Hotels Platz und studiert die Cocktailkarte. Nach einer Weile fragt sie die Bedienung: „Verzeihen Sie, darf ich Sie um eine Empfehlung bitten? Nachdem ich schon einmal in den Highlands bin – ich hätte gern etwas mit viel Whisky drin!“

„Kein Problem“, erwidert die Bedienung, „wie wär’s mit meinem Mann?“

Beschwerlich

Eine Frau beschwert sich bei ihrem Mann: „Jeden Abend, wenn du von der Arbeit nach Hause kommst, lege ich dir die Zeitung bereit, mache dir etwas zum Essen, schenke dir einen Whisky ein, setze mich zu dir und frage dich, wie dein Tag war, damit du loswerden kannst, was dich froh oder traurig macht. Du hingegen fragst mich nie, wie mein Tag war...“
„Du hast völlig Recht, Liebling“, erwidert ihr Mann schuldbewusst: „Also, wie war dein Tag?“
„Ach“, stöhnt sie sogleich auf: „Frag lieber nicht!“

Unbekümmert

Eine ältere Frau sieht einen kleinen Jungen mit einer Whiskyflasche in der Hand an einer Straßenecke herumlungern. Besorgt spricht sie ihn: „Sag mal, Junge, müsstest du nicht eigentlich in der Schule sein?“
„Keine Sorge, Oma“, erwidert der Junge unbekümmert, „ich bin doch erst fünf!“

Standhaft

Zwei Freunde haben den halben Tag im Pub verbracht.
Zu fortgeschrittener Stunde sagt der eine zum anderen: „Du, jetzt stehen wir mal auf. Wenn wir das noch können, trinken wir noch einen. Wenn wir aber nicht mehr stehen können, gehen wir nach Hause, okay?“

Die am Ufer des Loch Awe gelegene Ruine von Kilchurn Castle zeugt von Standhaftigkeit ebenso wie von Gelassenheit.

Antriebskraft

Die Fußballmannschaften zweier schottischer Kleinstädte treten gegeneinander an. Beide schenken einander nichts, Tor fällt auf Tor, und am Ende der ersten Halbzeit steht es 10:10. In der zweiten Halbzeit hingegen scheint der Eifer erlahmt, es gibt kaum noch Bewegung auf dem Spielfeld und beim Schlusspfiff steht es immer noch 10:10.
Ein auswärtiger Besucher wundert sich darüber und erhält auf Nachfrage zur Antwort, dass die Sponsoren der beiden Mannschaften vor Spielbeginn versprochen hätten, den Spielern für jedes Tor eine Flasche Whisky zu spendieren. Angesichts der vielen Tore hätten sie jedoch in der Halbzeitpause verlauten lassen, dass damit jetzt Schluss sei.

Es hat Vor- und Nachteile, dass ein Pub auf den Britischen Inseln als eine Art verlängertes Wohnzimmer gilt.

Gute Ausrede

Ein Geistlicher begegnet am Sonntagnachmittag einem angesehenen Mitglied seiner Gemeinde. Mit vorwurfsvollem Blick fragt er ihn: „Ich hatte schon befürchtet, Sie seien krank, nachdem ich Sie heute Morgen nicht in der Kirche gesehen habe. Doch soeben musste ich erfahren, dass Sie, statt dem Allmächtigen die Ehre zu erweisen, im Pub dem Whisky zugesprochen hätten!"
„Das ist nicht wahr!", empört sich der Angesprochene: „Wenn Sie darauf bestehen, kann ich Ihnen gerne den Lachs zeigen, den zu fangen ich heute Morgen das Glück hatte!"

Inhaltsleer

Ein Schotte kommt zum Psychiater und klagt: „Manchmal fühle ich mich so leer wie eine Whiskyflasche..."
Der Psychiater rät ihm: „Versuchen Sie sich doch vor-

zustellen, Sie wären keine Whisky-, sondern eine Wasserflasche – dann würde Sie sich garantiert nicht mehr so schnell leer fühlen!“

Schnelllebig

Zwei Männer unterhalten sich; der eine ist Whiskyliebhaber, der andere strikter Abstinenzler.
„Ich weiß gar nicht, was du hast“, meint der Whiskyliebhaber: „Mein Großvater trinkt seit seiner Jugend täglich ein Glas Whisky und feiert demnächst seinen 90. Geburtstag!“
„Das mag ja sein“, wendet der andere ein, „aber wenn er keinen Whisky getrunken hätte, wäre er heute vielleicht schon 100!“

Großmütig

Der Butler eines schottischen Lords tritt vor seinen Dienstherren und sagt: „Bitte verzeihen Sie, mein Herr, wenn ich Sie mit einer höchst lästigen Angelegenheit behelligen muss, aber soeben ist der Whiskyhändler vorstellig geworden. Er sagt, er würde nicht eher wieder gehen, bis alle seine offenen Rechnungen beglichen seien...“
„Kein Problem“, erwidert der Lord ungerührt: „Lassen Sie das Gästezimmer richten und geben Sie in der Küche Bescheid!“

Aufgeschoben ist nicht aufgehoben

Ein Mann sitzt im Pub, trinkt Whisky und schaut immer wieder auf die Uhr.
Zu fortgeschrittener Stunde, als alle anderen Gäste längst gegangen sind, fragt ihn der Barmann: „Willst

du eigentlich gar nicht nach Hause gehen?"
„Nein", sagt der Mann nachdenklich.
„Und warum nicht?", fragt der Barmann weiter.
„Weil meine Frau böse auf mich ist."
„Und warum ist sie böse auf dich?"
„Na, weil ich noch nicht zu Hause bin..."

Lebensbund

In einem Pub fragt der Barmann seinen verzweifelt dreinschauenden Stammgast, was mit ihm los sei.
„Ach", seufzt der Mann, „du erinnerst dich doch bestimmt an meinen Kumpel, mit dem ich hier im Pub schon so manche Stunde verbracht habe. Er ist mit meiner Frau durchgebrannt."
Um ihn zu trösten spendiert ihm der Barmann ein Glas Whisky – erreicht damit aber nur, dass der Mann erst recht die Fassung verliert und unter Tränen schluchzt: „Ich hätte nie gedacht, dass ich ihn so sehr vermissen würde..."

Kein Vergnügen

Sehr zum Ärger seiner Frau verbringt ein Mann den Großteil seiner Freizeit whiskytrinkend im Pub. Eines Abends taucht sie dort unerwartet auf und macht ihm heftige Vorhaltungen, weil sie so häufig allein zu Hause sei, während er sich im Pub vergnüge.
Geduldig lässt der Mann ihr Gezeter über sich ergehen und sagt schließlich: „Meine Liebe, wie wär's mit einem Kompromiss: Du trinkst einen Whisky mit mir und dann gehen wir gemeinsam nach Hause."
Sie ist einverstanden. Doch kaum, dass sie einen winzigen Schluck Whisky probiert hat, schüttelt sie sich vor Abscheu.
„Siehst du, meine Liebe", sagt ihr Mann, „wenn ich

Sich gelegentlich eine Auszeit zu gönnen, durchzuatmen und zur Ruhe zu kommen hat nichts mit Trägheit zu tun.

in Zukunft mal wieder in den Pub gehe, wirst du wohl nicht mehr behaupten, ich würde das zu meinem Vergnügen tun!"

Heimelige Heimlichkeit

„Seit Jahren habe ich mich gefragt", erzählt ein Gast im Pub, „wo meine Frau sich Abend für Abend herumtreibt."
„Und, hast du's herausgefunden?", will ein anderer Gast wissen.
„Jawohl, durch Zufall habe ich das! Ich musste neulich zu einer Untersuchung ins Krankenhaus, so dass ich am Abend vorher keinen Whisky trinken durfte und früher als sonst aus dem Pub nach Hause gegangen bin – und du wirst es nicht glauben: da war sie!"

Trostlos

„Seit dem Tod deiner Frau verbringst du ganz schön viel Zeit hier im Pub“, versucht einer der Gäste mit seinem düster dreinblickenden Kumpel ins Gespräch zu kommen.
„Ja, das stimmt“, erwidert der Angesprochene, „ich versuche halt, meinen Kummer im Whisky zu ertränken...“
„Aber wie lange soll das noch so weitergehen?“, wendet sein Gegenüber ein: „Immerhin ist deine Frau schon seit mehr als fünf Jahren tot?!“
„Ach, weißt du“, erklärt ihm der andere: „Ich bin halt untröstlich...!“

Würdiger Abschied

Auf dem Weg zum Friedhof passiert ein Trauerzug den örtlichen Pub. In dem Moment, als der Sarg vorbeigetragen wird, tritt ein Mann aus der Tür, nimmt mit der einen Hand seine Mütze ab und erhebt mit der anderen andächtig ein Glas Whisky, das er anschließend in einem Zug austrinkt.
Einige Zeit später kommt der Geistliche, der den Trauerzug angeführt hatte, auf dem Rückweg vom Friedhof erneut an jenem Pub vorbei. Er geht hinein und schaut sich dort nach dem Mann um, der vorhin dem Trauerzug zugeprostet hatte.
„Das war vorhin vielleicht eine etwas ungewöhnliche Geste“, spricht er ihn an, als er ihn schließlich entdeckt hat, „aber es ist mir ein Bedürfnis, Ihnen zu sagen, dass ich das dennoch sehr anständig von Ihnen fand!“
„Nichts für ungut, Hochwürden“, erwidert der Mann verlegen, „aber das ist doch das mindeste, was man tun sollte, wenn man fast vierzig Jahre lang miteinander verheiratet war!“

Einst war Schottland von kilometerdicken Gletschern bedeckt, die der Landschaft ihre charakteristische Form gaben.

Die verschachtelte Altstadt von Edinburgh gehört zusammen mit der weitläufigen Neustadt seit 1996 zum Weltkulturerbe.

Gewöhnungsbedürftig

Zu fortgeschrittener Stunde, als die anderen Gäste längst gegangen sind, nimmt der Barmann seinem letzten Gast das ohnehin längst geleerte Whiskyglas aus der Hand und bugsiert ihn vor die Tür.
„Was riecht denn hier so komisch", mault dieser, als er endlich draußen ist.
„Das", erklärt ihm der Barmann, „ist Frischluft!"

Der rechte Weg

Ein junger Geistlicher ist in eine abgelegene Gemeinde in den schottischen Highlands versetzt worden, in der die Leute, insbesondere am Samstagabend, im Pub gern mal ein wenig die Zeit vergessen und dabei dem Whisky mehr zusprechen, als ihnen guttut.
Eines Sonntags hat er sich vorgenommen, seine mal wieder recht verschlafen und verkatert dreinblickenden Gemeindemitglieder auf den rechten Weg zurückzuführen. So steigt er festen Schrittes auf die Kanzel hinauf, holt tief Luft und spricht: „Euch, die ihr gerade erst aus dem Pub gekommen seid, sage ich: Kehrt um!"

WHISKY UND ANDERE MENSCHLICHKEITEN

„Nehmt euch in Acht, dass Rausch und Trunkenheit und die Sorgen des Alltags euer Herz nicht beschweren“. (Lk 21,34)

Dieser Pub trägt den Namen eines einstmals berüchtigten Stadtviertels in Dublin, das bis heute für sein ebenso quirliges wie vielfältiges Nachtleben bekannt ist.

Schlechtes Beispiel

Ein junger Mann besucht zum ersten Mal die Eltern seiner Verlobten.
Deren Vater, ein Schotte, mustert ihn eine Weile wortlos und fragt dann barsch: „Trinken Sie Whisky?“
„Da kann ich Sie ganz und gar beruhigen“, beeilt sich der junge Mann zu erklären, „wenn überhaupt, dann trinke ich höchstens mal einen.“
„Dann schlagen Sie sich meine Tochter gefälligst gleich aus dem Kopf“, braust der Schotte daraufhin auf: „Glauben Sie vielleicht, ich möchte einen

Maßvoller Genuss ist keine Sünde – im Gegenteil: Wer nicht zu genießen versteht, wird mit der Zeit ungenießbar.

Schwiegersohn haben, der mir ständig als gutes Beispiel vorgehalten wird?“

Wie die Zeit vergeht

Ein Mann bestellt in einer voll besetzten Bar einen Whisky. Die Kellnerin notiert sich die Bestellung, ist aber derart beschäftigt, dass eine ganze Weile vergeht, bevor sie das Gewünschte bringt und, begleitet von einem knappen „Bitteschön!“, vor den Mann hinstellt.

Dieser bedankt sich artig und fügt, noch bevor sie wieder davoneilen kann, höflich hinzu: „Entschuldigen Sie vielmals, sind Sie eigentlich noch dieselbe Kellnerin wie jene, bei der ich vorhin die Bestellung aufgegeben hatte?“

„Ja, warum?", gibt die Befragte schmallippig zurück. „Weil ich Ihnen in diesem Fall ein großes Kompliment machen muss", erläutert der Mann: „Sie haben sich in der Zwischenzeit nämlich so gut wie gar nicht verändert!"

Feste Regeln

Ein Schotte feiert seinen 110. Geburtstag und wird aus diesem Anlass von einem Zeitungsreporter interviewt: „Was ist Ihrer Meinung nach das beste Rezept für ein langes Leben?"
„Das kann ich Ihnen gerne verraten: Man muss seine festen Regeln haben, besonders beim Essen und Trinken. Von meinem Großvater habe ich zum Beispiel zwei Regeln gelernt, an die ich mich seit meiner Jugend immer gehalten habe: Trinke niemals Whisky ohne Wasser – und niemals Wasser ohne Whisky!"

Tücken der Technik

Bis es endlich zum Vertragsabschluss kam, musste der Direktor eines Versicherungsunternehmens seine teuerste Flasche Whisky öffnen und mit seinem als ausgesprochen zögerlich und wankelmütig bekannten Großkunden fast vollständig leeren. Erleichtert und nicht mehr ganz nüchtern kehrt er ins Büro zurück.
Kurz darauf ruft er einen seiner Mitarbeiter herbei, deutet auf den elektrischen Aktenvernichter und fragt ihn: „Sagen Sie mal, kennen Sie sich mit diesem Ding aus?"
„Klar", erwidert der Mitarbeiter, woraufhin ihm der Direktor den frisch unterschriebenen Vertrag in die Hand drückt. Pflichteifrig steckt der Mann das

Schriftstück in das Gerät und schaltet es ein.
„Nicht so schnell“, ruft daraufhin der Direktor, „eine Kopie genügt!“

Willensstärke

Eine Frau berichtet ihrer Freundin: „Mein Mann hat endlich mit dem Whiskytrinken aufgehört!“
„Alle Achtung“, erwidert jene, „dazu braucht es einen starken Willen!“
„Den habe ich wohl!“, bestätigt die erste.

Widerruf

„Stimmt es, dass Sie öffentlich behauptet haben, jeder zweite Bewohner dieser Stadt sei dem Whisky verfallen?“, fragt ein Polizist den Beschuldigten: „Denn wenn Sie das nicht widerrufen, sehe ich keine andere Möglichkeit als Sie wegen übler Nachrede vor Gericht zu bringen!“
„Wenn das so ist“, gibt der Angeklagte kleinlaut zurück, „widerrufe ich das natürlich, bitte um Entschuldigung und erkläre ausdrücklich: Jeder zweite Bewohner dieser Stadt ist dem Whisky nicht verfallen!“

Begriffsstutzig

Ein Österreicher hat seinen Urlaub in Schottland verbracht. Am Tag nach seiner Rückkehr sucht ihn sein bester Freund auf und fragt erwartungsvoll: „Na, hast du auch daran gedacht, mir eine Flasche Whisky mitzubringen?“
„Tut mir leid“, erwidert der Befragte betreten: „Mir wollte unterwegs einfach nicht einfallen, was Whisky auf Englisch heißt.“

Tossing the Caber, das möglichst geradlinige Werfen von Baumstämmen, ist eine traditionelle schottische Sportart.

Schauen darf man

Eine schottische Familie erwartet Besuch von einem Geistlichen. Dieser ist für seine auffällig große und rote Nase bekannt, was nach Meinung mancher Leute daher kommt, dass er dem Whisky recht zugetan ist. Er selbst bestreitet das allerdings vehement und reagiert zudem äußerst verärgert, wenn man ihn darauf anspricht. Um von vornherein jede Peinlichkeit zu vermeiden, ermahnt die Mutter ihren fünfjährigen Sohn, nur ja kein Wort über die Nase des Geistlichen zu verlieren.
Als der hohe Besuch schließlich eingetroffen ist und Platz genommen hat, baut sich der Kleine neben ihm auf, stemmt die Fäuste in die Hüften und betrachtet eingehend dessen Nase. Seine Mutter wirft ihm schnell einen warnenden Blick zu.
Der Junge aber beruhigt sie umgehend: „Keine Sorge, Mama, ich sag bestimmt nichts! Ich wollte sie mir nur mal ganz genau anschauen!"

Eine ebenso markante wie berühmte Felsformation im Nordwesten der Insel Skye wird The Old Man of Storr genannt.

Heilsamer Genuss

Eine betagte Witwe kostet zum ersten Mal in ihrem Leben einen Whisky.
„Merkwürdig“, meint sie nach kurzem Nachdenken, „das Zeug schmeckt fast genauso scheußlich wie die Medizin, die mein armer Ehemann fast vierzig Jahre lang dreimal täglich einnehmen musste…!“

Ansteckend

Kaum zwei Wochen nachdem der neue Hausmeister einer schottischen Schule seinen Job angetreten hatte, wurde ihm auch schon wieder gekündigt. Zu Hause erklärt er seiner Frau den Grund dafür:
„Ich hab's doch nur gut gemeint: Eines der Kinder hatte so schrecklichen Husten – da hab' ich ihm halt

einen Schluck Whisky in seinen Tee getan. Und tatsächlich war der Husten am nächsten Tag weg."
„Und darum hat man dir gekündigt?", fragt seine Frau empört zurück.
„Nein", erwidert ihr Mann, „nicht deswegen, sondern weil am nächsten Tag die ganze Klasse gehustet hat..."

Getrübte Erkenntnis

Nachdem der Arzt seinen Patienten eingehend untersucht hat, bekennt er offen: „Ich kann leider nicht erkennen, was Ihre Beschwerden verursacht, aber vielleicht liegt es am Whisky."
„Alles klar!", erwidert der Patient gelassen: „Dann komme ich halt nochmal wieder, wenn Sie nüchtern sind."

Kein Pardon

Ein Politiker steht vor Gericht, weil er dabei erwischt wurde, als er nach dem Genuss des einen oder anderen Whiskys in angetrunkenem Zustand Auto gefahren ist. Der Richter fragt ihn, ob er etwas zu seiner Entschuldigung vorbringen möchte.
„Sie müssen wissen", setzt der Befragte an, „ich bin ja Politiker..."
„Dummheit ist keine Entschuldigung!", fährt ihn daraufhin der Richter an und verurteilt ihn zu einer angemessenen Geldstrafe.

Große Koalition

Das schottische Parlament ist einmalig in der Welt: Zwar wird dort, wie in den meisten anderen Parlamenten, viel geredet, nichts gesagt und dann darüber gestritten, aber obwohl alle uneins sind, gehen die Abgeordneten nach jeder Sitzung gemeinsam in den Pub und trinken zusammen Whisky.

Schwer zu verbergen

Ein schottischer Geistlicher wird von einem nicht sonderlich gut beleumdeten Mitglied seiner Gemeinde gefragt, ob er das Geheimnis für ein langes Leben kenne.
„Nein“, antwortet der Geistliche, „das kenne ich leider nicht. Sie etwa?“
„Und ob!“, triumphiert der Mann, „Und weil Sie es sind, werde ich es Ihnen sogar verraten: Man muss lediglich sein Leben lang immer morgens, mittags und abends einen Whisky trinken!“
Daraufhin schaut ihn der Geistliche skeptisch an und meint lapidar: „Und Sie glauben ernsthaft, das wäre, wenn es denn stimmen würde, so lange ein Geheimnis geblieben?“

Fachmännischer Rat

Ein Schotte spricht im Gefängnis vor und bittet darum, kurz mit dem Mann sprechen zu dürfen, der beschuldigt wird, ein paar Tage zuvor in sein Haus eingebrochen zu sein.
„Tut mir leid“, antwortet der Gefängniswärter, „aber das geht leider nicht. Bitte haben Sie Geduld bis zur Gerichtsverhandlung – da werden Sie den Angeklagten ja sehen.
„Das nützt mir nichts“, versucht der Mann den Beamten umzustimmen, „denn bei der Gerichtsverhandlung wird auch meine Frau anwesend sein. Und ich würde doch zu gern wissen, wie es dem Einbre-

cher gelungen ist, nachts in unser Haus zu gelangen, ohne dass meine Frau etwas davon mitbekommen hat…“

Letzte Rettung

Zwei Schotten sind zum Fischen hinaus aufs Meer gefahren. Plötzlich schlägt das Wetter um und ein Sturm kommt auf. Die Wellen schlagen immer höher, so dass das Boot voll Wasser läuft und schließlich zu kentern droht.
Voller Angst beginnt einer der beiden lauthals zu beten: „Rette uns, Allmächtiger, sonst gehen wir zugrunde! Ich verspreche dir auch, künftig jeden Sonntag in die Kirche zu gehen, nicht mehr zu wildern, meiner Frau treu zu sein und keinen Whi…“
In diesem Moment brüllt ihm der andere zu: „Halt, hör sofort auf damit – ich sehe Land!“

Inexistent

Was ist der Unterschied zwischen dem Ungeheuer von Loch Ness und einem Schotten, der Whisky verabscheut? Es gibt keinen, wenngleich manche Leute behaupten, sie hätten das Ungeheuer von Loch Ness schon einmal gesehen.

Raus und rein

Ein Whiskyschmuggler ist gerade dabei, ein paar Flaschen abzufüllen, um sie anschließend zu verkaufen.
Seine Frau beobachtet ihn dabei und mahnt ihn mit besorgter Stimme: „Wenn das rauskommt, was da

Das Leben in den kleinen, abgelegenen und manchmal auch trostlosen Orten Schottlands ist nicht immer leicht.

reinkommt, kommst du wo rein, wo du so schnell nicht mehr rauskommst!“

Heimatliche Atmosphäre

Die erste schottische Weltraummission ist erfolgreich auf dem Mond gelandet. Kaum hat einer der Astronauten seinen Fuß auf den Mond gesetzt, erhält er einen Funkspruch von der Erde: „Na, hast Du schon einen Pub gefunden, wo man einen guten Whisky bekommt?“
„Och“, lautet die Antwort, „an Whisky zu kommen, ist nicht das Problem. Aber um ehrlich zu sein: Ich bin froh, wenn ich wieder in Schottland bin: Hier oben herrscht einfach keine Atmosphäre!“

Aussichtsloser Fall

Eine Frau kommt zum Arzt und bittet diesen darum, er möge doch baldmöglichst einmal nach ihrem Mann schauen, der seit über einer Woche krank im Bett läge, ohne dass irgendeine Besserung eingetreten wäre.
„Haben Sie es schon mal mit einem Glas Whisky versucht?“
„Aber gewiss doch“, antwortet die Frau, „aber danach ist es ihm eher noch schlechter gegangen.“
„Dann müssen Sie jetzt ganz stark sein, gute Frau“, eröffnet ihr der Arzt, „aber wenn selbst Whisky nicht mehr hilft, dürfte es sich um einen aussichtslosen Fall handeln...“

Verjüngungskur

Zwei Schotten sind versehentlich in einen Vortrag über die Gefahren des Alkoholkonsums geraten.
„Jedes Glas Whisky“, ereifert sich der Referent, „verkürzt das Leben eines Menschen um einen ganzen Tag!“
„So ein Blödsinn“, raunt daraufhin einer der beiden unfreiwilligen Zuhörer dem anderen zu: „Wenn das so wäre, würde ich ja erst in ein paar Jahren auf die Welt kommen!“

Wirkursache

„Ich muss Sie warnen“, sagt der Apotheker zu seinem Kunden: „Die Medizin, die Ihnen Ihr Arzt verschrieben hat, ist schrecklich bitter. Stellen Sie sich beim Einnehmen einfach vor, es wäre Whisky – dann wird es Ihnen leichter fallen und bald auch besser gehen.“

„Wenn es auf die Vorstellung ankommt“, fragt der Kunde nach kurzem Überlegen, „dann könnte ich doch sicher auch Whisky einnehmen und mir vorstellen, es wäre Medizin?“

Auf die Probe gestellt

Der Sohn eines Schotten kommt aus der Schule heim.
„Du, Papa“, fragt er seinen Vater, um ihn mit dem, was er gerade gelernt hat, auf die Probe zu stellen, „weißt du, warum sich die Erde dreht?“
Erschrocken fährt sein Vater auf: „Junge, du hast doch nicht etwa von meinem Whisky getrunken?“

Andere Länder, andere Sitten

Auf einer einsamen Straße in den schottischen Highlands hält ein Polizist ein mit mehreren Männern besetztes Auto an, klopft an die Seitenscheibe und fragt, nachdem diese heruntergelassen wurde, streng: „Haben Sie getrunken?“
„Oh ja“, antwortet ihm der Mann hinter dem Fenster, „wir haben heute bereits drei Whiskydestillerien besucht und der Whisky dort hat mir wirklich gut geschmeckt. So sieben bis acht Whiskys dürften es schon gewesen sein, die ich im Lauf des heutigen Tages probiert habe. “
„Ihnen ist schon bewusst“, fährt ihn der Polizist streng an, „dass es sich hier um eine Polizeikontrolle handelt?“
„Selbstverständlich!“, erhält er freundlich zur Antwort: „Und gewiss ist Ihnen auch schon aufgefallen, dass wir aus Deutschland kommen und nicht ich das Auto fahre, sondern mein Freund links neben mir?“

Das Wetter in Schottland ist wechselhaft wie das Leben: Manchmal erlebt man alle vier Jahreszeiten an einem Tag

Weniger ist mehr

„Na, wie geht's Ihnen heute?", fragt der schottische Arzt seinen Patienten, der zur Kontrolluntersuchung gekommen ist.
„Schlechter als je zuvor", antwortet dieser.
„Haben Sie denn meinen Rat nicht befolgt, täglich nur einen Whisky zu trinken?"
„Gewiss habe ich das, Herr Doktor, aber nachdem ich normalerweise überhaupt keinen Alkohol trinke, wird mir davon immer speiübel..."

Ein Wunder

„Haben Sie etwas zu verzollen?", wird ein Mann beim Grenzübertritt befragt.
„Nein, nichts", beteuert jener.
„Und was befindet sich in den ganzen Flaschen auf dem Rücksitz Ihres Autos?", will der Zollbeamte wissen.
„Das ist heiliges Wasser. Ich komme nämlich gerade von einer Wallfahrt nach Lourdes", erklärt der Mann. Der Zollbeamte glaubt ihm jedoch nicht, nimmt eine

der Flaschen, öffnet sie und schnuppert daran.
„Das ist eindeutig Whisky!“, stellt er triumphierend fest.
„Wirklich?“, ruft der Mann begeistert: „Schon wieder ein Wunder!“

Lebensfremd

„Sie müssen Ihren Lebensstil komplett ändern!“, fordert der Arzt seinen Patienten auf: „Kein Fleisch, keine Süßigkeiten, keinen Kaffee, und vor allem keinen Whisky mehr! Und was das Allerwichtigste ist: Mehr Lebensfreude!“

Verhör(t)

Ein älterer, schon etwas schwerhöriger Schotte sitzt im Pub und trinkt Whisky mit Cola.
Ein anderer, ebenfalls schon recht betagter und entsprechend schwerhöriger Schotte tritt zu ihm an den Tisch und fragt argwöhnisch: „Sag mal, du trinkst doch nicht etwa Whisky mit Cola?“
„Aber nein“, erwidert der andere, „ich trinke Whisky mit Cola.“
„Ach so“, sagt der erste erleichtert, „und ich dachte schon, du trinkst Whisky mit Cola!“

Flüssige Medizin

„Nun, was macht Ihre Erkältung?“, fragt der Arzt seinen Patienten: „Geht‘s Ihnen besser?“
„Nein“, klagt der Patient, „ganz und gar nicht.“
„Haben Sie denn meinen Rat nicht befolgt, jeden Tag nach einem heißen Fußbad ein Glas Whisky zu trinken?“

„Ich habe mich wirklich bemüht, Herr Doktor“, beteuert der Patient, „aber immer dann, wenn das Fußbad endlich leer war, habe ich beim besten Willen keinen Whisky mehr heruntergebracht…“

Übung macht den Meister

„Ich habe gehört, du bist jetzt auch unter die Whiskybrenner gegangen?“, fragt ein Whiskyliebhaber seinen Freund.
„Jawohl, das stimmt!“, erwidert jener stolz.
„Und?“, fragt der eine weiter: „Wie läuft's so?“
„Och, ganz gut. Mein Bruder, den ich als ersten habe probieren lassen, wird wahrscheinlich schon übermorgen wieder aus dem Krankenhaus entlassen.“

Klare Entscheidung

In der Schule versucht die Lehrerin den Schülern die Gefahren des Alkohols bewusst zu machen. Am Ende ihrer Ausführungen fragt sie die Kinder: „Wenn ich zum Beispiel einem Esel einen Eimer mit Wasser und einen Eimer voller Whisky hinstellen würde – was meint Ihr: Wofür würde er sich entscheiden?“
„Für das Wasser!“, ruft einer der Schüler ohne zu zögern.
„Und warum?“, hakt die Lehrerin nach.
„Na, weil er halt ein Esel ist!“, lautet prompt die Antwort.

Mitleid

An einem bitterkalten Tag steckt ein Mann einem Bettler im Vorbeigehen ein paar Münzen zu und murmelt: „Da, kaufen Sie sich einen Whisky und

trinken Sie ihn auf meine Gesundheit!"
Nachdem der Bettler einen kurzen Blick auf die Münzen geworfen hat, ruft er dem Mann hinterher: „Meinen Sie wirklich, mit einem wär's getan? Ich finde, Sie sehen ganz schön schlecht aus...!"

Perfekte Bedienung

In einem Pub irgendwo in den schottischen Highlands ruft ein Gast dem Barmann zu: „Einen Whisky, bitte!"
„Mir bitte auch einen Whisky!", ruft ein zweiter Gast. Ein dritter schließt sich an: „Ich hätte gerne auch noch einen Whisky – aber bitte in einem sauberen Glas!"
Nach einer Weile bringt der Barmann das Bestellte, schaut prüfend in die Runde und fragt: „Für wen war noch einmal das saubere Glas?"

Fachkenntnisse

Ein schottischer Junge blättert in seinem Bilderbuch. Plötzlich fragt er seine Mutter: „Du, Mama, trinken Ochsen und Esel eigentlich auch Whisky?"
„Keine Ahnung, mein Junge", antwortet die Mutter, ohne von ihrer Arbeit aufzusehen, „da musst du schon deinen Vater fragen."

Tiefe Einsicht

„Die Wirklichkeit", soll einmal ein schottischer Philosoph erklärt haben, als er nachdenklich in sein leeres Glas blickte, „ist lediglich eine Illusion, die durch den Mangel an Whisky hervorgerufen wird."

Der Hafen von Macduff im Nordosten Schottlands war früher ein wichtiger Umschlagplatz für illegal gebrannten Whisky.

Ansichtssache

Eine Touristengruppe steht am Ufer des Loch Ness und starrt gebannt aufs Wasser hinaus.
Nach einer Weile fragt einer der Touristen den Reiseführer: „Wann erscheint Nessy eigentlich üblicherweise?“
„Üblicherweise nach dem fünften Whisky“, erwidert der Reiseführer trocken.

Wie ich dir, so du mir

„Du hattest mir doch versprochen“, fährt eine Frau ihren kurz vor Mitternacht aus dem Pub heimkehrenden Mann an, „nicht mehr als ein oder zwei Whiskys zu trinken und spätestens um acht Uhr zu Hause zu sein!“

„Das stimmt“, gibt der Mann kleinlaut zu.

„Und ich hatte dir versprochen, unsere geplante

Schottlandreise abzusagen, wenn du dich nicht an dein Versprechen hältst!"
„Aber meine Liebe", wendet der Mann stockend ein, „wenn ich mein Versprechen nicht gehalten habe, brauchst du deines doch auch nicht zu halten..."

Mehr als angebracht

„Verlangt der Geistliche eigentlich etwas dafür, dass er euch traut?", fragt ein Schotte seinen Freund vor dessen geplanter Hochzeit.
„Nein", erwidert der Bräutigam, „aber ich wollte mich nicht lumpen lassen und habe ihm eine Flasche Whisky spendiert."
„Und? War er damit zufrieden?"
„Mehr als das: Er hat die Flasche gleich aufgemacht und mir einen Doppelten eingeschenkt. Nachdem ich ihm ein Foto meiner künftigen Frau gezeigt hatte, meinte er nämlich, dass in diesem Fall eine ganze Flasche viel zu viel sei."

Gentlemanlike

Ein Schotte sagt im Pub zu seinem Kumpel: „Ich habe vorhin mit meiner Frau gewettet, dass ich heute nur zwei Whiskys trinken und um acht Uhr zu Hause sein werde."
„Und?", fragt sein Kumpel, „wirst du die Wette gewinnen?"
„Aber nein, wo denkst du hin!", erwidert der erste: „Ich bin doch ein Gentleman und lasse selbstverständlich meine Frau gewinnen!"

Jungbrunnen

„Wenn Sie nicht mit dem Whiskytrinken aufhören", warnt der Arzt seinen Patienten, „werden Sie vermutlich nicht alt werden!"
Freudestrahlend erwidert der Patient: „Das ist ja eine großartige Nachricht! Ich habe schon immer geahnt: Ein guter Tropfen hält jung!"

Himmelangst

Ein Geistlicher reist zum ersten Mal im Flugzeug. Eine der Flugbegleiterinnen bemerkt seine Nervosität und fragt ihn, ob er zur Beruhigung vielleicht gern ein Glas Whisky hätte.
Der Geistliche ist nicht abgeneigt, möchte aber zunächst wissen, in welcher Höhe das Flugzeug unterwegs ist.
„Unsere Reisehöhe beträgt zurzeit etwa 10.000 Meter", erklärt ihm die Flugbegleiterin.
Sichtlich erschrocken wehrt der Geistliche daraufhin ab: „So nah unter den Augen des Chefs sollte ich vielleicht besser einen Kamillentee nehmen..."

Zeitersparnis

Über der Whiskybar eines schottischen Pubs hängt eine große, schöne, alte Uhr, die noch dazu meistens richtig geht. Aufgrund schlechter Erfahrungen hat sich der Pubbesitzer allerdings gezwungen gesehen, daneben ein Schild anbringen zu lassen, auf dem zu lesen steht: „Nur für Gäste!"

GEBETE

Als der Herr das Geschick Zions wendete,
da waren wir alle wie Träumende.
Da füllte sich unser Mund mit Lachen
und unsere Zunge mit Jubel.
Da sagte man unter den Völkern:
Groß hat der Herr an ihnen gehandelt!

Auch die Freude über einen gelungenen Witz, der Genuss eines guten Whiskys oder das Staunen über die Schönheit der Natur kann zur spirituellen Erfahrung werden.

Ja, groß hat der Herr an uns gehandelt.
Da waren wir voll Freude.
Wende doch, Herr, unser Geschick
wie die Bäche im Südland!
Die mit Tränen säen,
werden mit Jubel ernten.
Sie gehen, ja gehen und weinen
und tragen zur Aussaat den Samen.
Sie kommen, ja kommen mit Jubel
und bringen ihre Garben.

(Psalm 126)

Wie dieser Wasserspeier in den Ruinen von Melrose Abbey bezeugt, passen Glaube und Humor bestens zueinander.

Gib mir eine gute Verdauung, Herr,
Und auch etwas zum Verdauen.
Gib mir einen gesunden Leib, Herr,
mit einem Sinn dafür, ihn aufs Beste zu versorgen.

Gib mir einen gesunden Verstand, guter Gott,
Der das Gute und Reine nicht aus dem Blick verliert,
Und, wenn er Schuld entdeckt, nicht erschrickt,
sondern einen Weg findet, sie wiedergutzumachen.

Gib mir einen Verstand, der sich nicht langweilt,
Der nicht klagt, nicht jammert und nicht seufzt.
Lass mich nicht allzu sehr beunruhigt sein
Über jenes kleinliche Ding, das „Ich" genannt wird.

Gib mir einen Sinn für Humor, Herr;
Gib mir die Gnade, Spaß zu verstehen,
Um etwas Freude am Leben zu haben
Und an andere Menschen weiterzugeben.

(Thomas H. B. Webb)

Du Gott des Lebens,
lass mich besonnen leben,
aber bewahre mich vor Ängstlichkeit;
lass mich fröhlich leben,
aber bewahre mich vor Übermut;
lass mich genussvoll leben,
aber bewahre mich vor Abhängigkeit.

Du Gott der Freude,
lass mich arglos lustig sein,
aber halte mich von Stumpfsinn fern;
lass mich Spaß verstehen und machen,
aber nicht auf Kosten anderer;
lass mich ohne Hemmung lachen,
aber vor allem über mich selbst.

Du Gott des Genusses,
lass mich maßvoll genießen,
aber niemals kleinlich sein;
lass mich begeistert genießen,
aber fest geerdet bleiben;
lass mich dankbar genießen,
aber nicht nur jetzt, sondern auch in Ewigkeit.

Amen.

Die in diesem Buch gesammelten Witze sind, sofern sie nicht auf Begebenheiten zurückgehen, die sich tatsächlich so oder ähnlich ereignet haben, irgendwann einmal von irgendjemandem erfunden worden. Wann und von wem sie gegebenenfalls erfunden wurden, konnte, wie es bei Witzen fast immer der Fall ist, leider nicht in Erfahrung gebracht werden. Dennoch sei allen, die die in diesem Buch gesammelten Witze erlebt oder erfunden sowie weitererzählt und dadurch vor dem Vergessen bewahrt haben, an dieser Stelle herzlich gedankt.

Am Anfang dieses Buchs stand in gewisser Weise ein Witz, den ich vor vielen, vielen Jahren von meinem damaligen Heimatpfarrer, Pastor Karl Heinrich Haane, gehört habe. Zum Glück blieb mir dessen tieferer Sinn zunächst verschlossen – was dazu führte, dass ich längere Zeit über jenen Witz nachgedacht und ihn nie vergessen habe. Er fand schließlich Eingang in mein erstes Buch über Whisky und, in veränderter Form, auch in dieses Buch. So habe ich allen Grund, seinem Erzähler für die damit verbundene Inspiration zu danken.

Mein Dank gilt ebenso den vielen anderen, die, ganz gleich auf welche Weise, dazu beigetragen haben, dass dieses Buch entstehen konnte, insbesondere Dekan und Pfarrer Christian Penzkofer für den von ihm gewährten inneren wie äußeren Freiraum sowie Prälat Prof. Dr. Ludwig Mödl für seine beständige geistliche Anregung, Ermunterung und Begleitung. Allen, die mir darüber hinaus, ob sie sich dessen bewusst waren oder nicht, Anregung und Ermunterung zuteil werden ließen, möchte ich nicht versäumen ebenfalls zu danken.

Nach „Wasser des Lebens" (2016) und „Whisky-Wallfahrten" (2018) ist dies bereits mein drittes (in doppeltem Sinn) „spirituelles“ Buch, das im Verlag EOS – Editions St. Ottilien erscheinen konnte. Sowohl für dessen Aufnahme ins Verlagsprogramm als auch die ebenso konstruktive wie vertrauensvolle Zusammenarbeit bin ich insbesondere dem Verlagsleiter, P. Dr. Cyrill Schäfer OSB, aber auch allen anderen Verlagsmitarbeiterinnen und -mitarbeitern, namentlich Martin Trischberger, zu großem Dank verpflichtet.

Einmal mehr hat der Verlag keinen Aufwand gescheut, um dem kargen Manuskript ein ansprechendes Erscheinungsbild zu verleihen. Erheblichen Anteil daran hatten auch Gertraud Heigl, die wieder einmal die Mühe des Korrekturlesens auf sich genommen hat, sowie Dorothee Griesbeck, die in bewährter Weise mit dem Design betraut war. Die Fotos, auf die sie dabei zurückgreifen konnte, stammen unter anderem von Bernhard Czerny, dem ich stellvertretend für alle anderen Fotografen an dieser Stelle ebenfalls herzlich danke.

Des Weiteren danke ich meinen Freundinnen und Freunden aus der Whisky-Szene, darunter vor allem den Mitgliedern des Single Malt Connoisseurs Club München und hier besonders Christina („Hexe“) Fürbaß, in deren Gesellschaft ich schon so oft jene Lebensfreude genießen durfte, von der ich hoffe, mit diesem Buch etwas weitergeben zu können. Und nicht zuletzt danke ich dem, der in allem, was in diesem Leben Freude und Genuss zu bereiten vermag, nichts weniger anbietet als eine Kostprobe seiner selbst: Deo gratias!

Wolfgang Rothe

Umschlagbild: Kilt im Tartanmuster „Gordon Grey“
Fotograf: Hans-Günther Kaufmann
Umschlagrückseite: Melrose Abbey

1. Auflage 2019, Deutsche Erstausgabe

EOS – Editions Sankt Ottilien
www.eos-verlag.de, mail@eos-verlag.de

ISBN 978-3-8306-7935-6

Bildquellen:
Bernhard Czerny (Umschlagrückseite, 4, 120/121, 127, 134); iStock (1, 12, 20, 23, 29, 30, 40, 44, 50, 54/55, 60/61, 62, 68, 76, 82/83, 90, 98/99, 100/101, 105, 106/107, 108, 112/113, 114, 116/117, 123, 124, 129, 130, 132/133, 137, 138/139, 143, 146, 150/151, 154/155); Hans-Günther Kaufmann (Umschlagvorderseite); Wolfgang F. Rothe (Umschlagrückseite, 2, 7, 10/11, 15, 18/19, 24/25, 26, 34, 39, 42, 46, 53, 58, 67, 73, 78/79, 87, 92, 94, 97, 110, 156)

Bibliografische Information der Deutschen Bibliothek:
Die Deutsche Bibliothek verzeichnet diese Publikation in der Deutschen Nationalbibliografie; detaillierte bibliografische Angaben sind im Internet unter http://dnb.ddb.de abrufbar.

Herstellung: EOS Print Sankt Ottilien und
griesbeckdesign, Dorothee Griesbeck